CEDU 쎄듀는 A **C**omprehensive **E**nglish e**DU**cation(종합적 영어교육)의 약자입니다.

펴낸이   김기훈 | 김진희

펴낸곳   (주)쎄듀 | 서울특별시 강남구 논현로 305 (역삼동)

발행일   2016년 11월 7일 초판 1쇄

내용문의   www.cedubook.com

구입문의   콘텐츠 마케팅 사업본부

　　　　　Tel. 02-6241-2007

　　　　　Fax. 02-2058-0209

등록번호   제 22-2472호

ISBN   978-89-6806-070-0

첫단추
BASIC

문법·어법편 2

저자

김기훈　現 (주)쎄듀 대표이사
　　　　現 메가스터디 영어영역 대표강사
　　　　前 서울특별시 교육청 외국어 교육정책자문위원회 위원
　　　　저서　천일문 / 천일문 Training Book / 천일문 GRAMMAR
　　　　　　　첫단추 BASIC / 어법끝 / 문법의 골든룰 101 / Grammar Q
　　　　　　　어휘끝 / 쎄듀 본영어 / 절대평가 PLAN A / 독해가 된다
　　　　　　　The 리딩플레이어 / 빈칸백서 / 오답백서 / 리딩 플랫폼 / 거침없이 Writing
　　　　　　　첫단추 / 파워업 / 수능실감 등

쎄듀 영어교육연구센터
쎄듀 영어교육센터는 영어 콘텐츠에 대한 전문지식과 경험을 바탕으로
최고의 교육 콘텐츠를 만들고자 최선의 노력을 다하는 전문가 집단입니다.

한예희 책임연구원

마케팅	콘텐츠 마케팅 사업본부
영업	문병구
제작	정승호
인디자인 편집	올댓에디팅
내지디자인	디자인인트로
표지디자인	윤혜영, 이연수
일러스트	조성호
영문교열	Eric Scheusner

이 책을 내며

중학교 영어 학습을 막 시작한 시기가 지나고 2, 3학년 정도가 되면 영어 학습에 대한 고민이 점점 깊어집니다. 지금까지는 기초적인 문법을 학습하고 본인의 실력을 파악했다면, 앞으로 내신에서 목표하는 고득점과 나아가 수능까지 도움이 될 문법·어법 학습에 집중해야 합니다. 이 시기에 문법·어법의 기본기를 다져놓지 않으면 고등학교에 진학하여 수능 수준의 어려워진 지문을 접했을 때 혼란을 느끼게 되고, 기초 문법 학습을 처음부터 다시 시작하는 경우마저 흔하기 때문입니다.

〈첫단추 BASIC 문법·어법편〉은 핵심적인 문법·어법을 체계적으로 제시하여 이 한 권으로 문법의 기본을 정리하면 까다로운 내신 문제도 충분히 해결할 수 있습니다. 그리고 문법과 연관된 어법 내용도 함께 학습할 수 있도록 구성하여 앞으로 마주할 문법·어법 문제의 해결력을 키우면서 자연스럽게 수능 문제까지도 대비할 수 있도록 하였습니다.

꼭 알아야 할 핵심 문법 이해하기
지나치게 세세하고 어려운 문법사항은 제외하고, 시험에 자주 나오는 주요 문법 개념들을 이해하기 쉽게 정리하였습니다.

충분한 문제풀이를 통해 문제 적용력 높이기
해당 문법이 적용된 다양한 문제를 충분히 풀어봄으로써 문법 개념을 문제에 적용하여 해결하는 능력을 높일 수 있습니다.

빈출 어법 포인트 익히기
학습했던 문법과 연관된 수능·모의고사 빈출 어법 포인트를 파트별로 모아 정리하여 문법과 어법을 연결해 이해할 수 있도록 구성하였습니다.

첫 번째 단추를 잘못 끼우면 나머지 단추들도 잘못 끼워지고 결국 뒤늦게 단추를 전부 풀고 처음부터 다시 끼우는 수고를 해야 합니다. 처음 끼우는 단추부터 제 위치를 찾아야 이후가 순조롭듯이, 본 교재가 문법·어법 학습의 올바른 시작을 제시하는 '첫단추'가 되고자 합니다. 영어 학습에 있어서 여러분이 원하는 목표를 이루시기를 진심으로 기원합니다.

저자

How to Use This Book

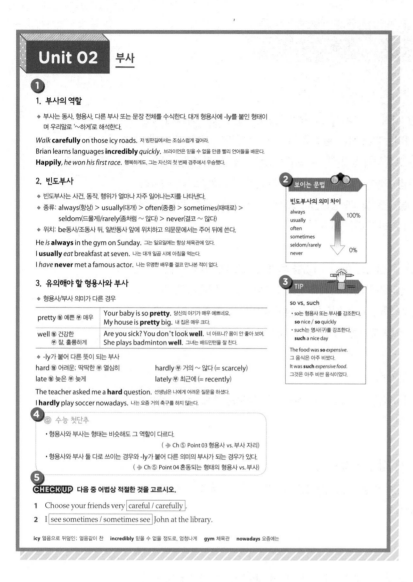

어려운 문법은 No! 핵심만 쏙쏙!

Unit

❶ 각 유닛에서 꼭 짚고 넘어가야 할 문법을 학습합니다.

❷ 보이는 문법 그림을 통해 문법 내용을 쉽게 이해할 수 있도록 도와줍니다.

❸ Tip 학습에 좀 더 도움이 되는 심화 문법을 추가로 알려줍니다.

❹ 수능 첫단추 학습한 문법과 관련된 수능 빈출 어법 포인트와 학습하게 될 페이지를 소개합니다.

❺ CHECK UP 간단한 확인문제를 통해 학습한 내용을 점검합니다.

이렇게 문제로 나온다!

Practice
각 유닛에서 배운 내용을 문제로 바로 풀어보고 이해를 높입니다.

어떤 유형이 나와도 문제없다!

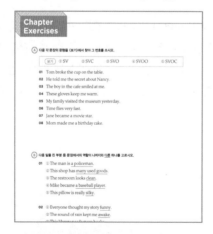

Chapter Exercises
각 챕터에서 배운 문법을 다룬 총 4 페이지의 다양한 유형의 연습문제를 풀어보면서 자신의 실력을 점검합니다.

예문으로 다시 보는 문법!

Summary with Sentences
앞에서 배운 예문을 통해 핵심 문법을 다시 한 번 정리합니다.

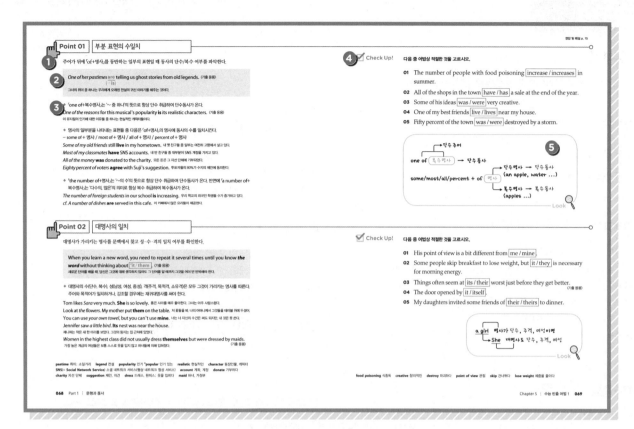

이런 어법 포인트가 나온다!

Point

❶ 각 Point에서 다룰 문제 유형의 핵심 해결전략을 익힙니다.

❷ 기출 문제를 통해 실제 어법 문제가 출제되는 경향을 확인합니다.

❸ 문제 해결에 필수적인 어법 Point를 예문으로 학습합니다.

❹ 간단한 네모어법 문제를 통해 어법사항에 대한 이해를 높입니다.

❺ 어법 Point를 한 눈에 요약한 도식을 보면서 학습한 내용을 정리합니다.

이제 실전이다! 실전 감각 Up!

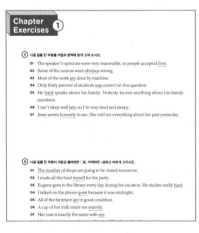

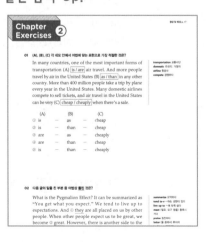

Chapter Exercises

① 앞에서 배운 어법 Point를 다룬 다양한 유형의 문제를 통해 문제 해결력을 높입니다.

② 실제 수능에서 출제되는 지문형 문제로 실전에 대한 감각을 기릅니다.

추가 학습을 위한 부가 자료!

쎄듀북 홈페이지에서 어휘리스트/
어휘테스트/챕터별 추가문제 등의 부가
자료를 무료로 다운로드 받으실 수 있습니다.
www.cedubook.com

Contents

1권

아래 목차는 본 교재가 아닌 1권에 해당하는 목차입니다.

권두부록

품사/문장의 종류/be동사의 활용/일반동사의 활용

수능 영어 문법·어법, What&How?

문법이란?

문법이란 언어를 사용하는 데 필요한 모든 규칙과 정보를 의미합니다. 좀 더 쉽게 설명하면, 영어 문법은 영어를 올바르게 읽고, 쓰고, 말하고, 듣기 위해 꼭 배워야 하는 영어만의 규칙을 말해요.

I like watermelon. 나는 수박을 좋아한다. (I watermelon like ✕)

I(나), watermelon(수박), like(좋아하다)와 같은 단어들을 무작정 나열해서는 올바르게 완성된 영어라고 할 수 없어요. 영어는 「주어+동사+목적어」의 순서로 써야 하는 규칙이 있기 때문이에요. 따라서 우리말 어순처럼 「주어+목적어+동사」의 순서로 문장을 만든다면 문법적으로 틀린 것이 되지요. 이처럼 어순을 포함해 명사, 형용사, 부사, 동사와 같은 품사들을 어떻게 활용하는지에 대한 규칙이 바로 영어 문법이에요. 문법을 공부하면 아래와 같은 문제를 풀 수 있어요.

> ● 다음 중 밑줄 친 부분의 문장에서의 역할이 나머지 넷과 **다른** 하나를 고르시오.
> ① The teacher gave us <u>a hint</u>.
> ② My cat showed me <u>her kittens</u>.
> ③ She called Mary <u>a liar</u>.
> ④ Give your sister back <u>her doll</u>.
> ⑤ I sent her <u>a birthday present</u>.

어법이란?

그럼 이제 어법에 대해 알아볼까요? 어법이란 개별적이고 단편적인 문법 사항들을 종합적으로 활용하는 것을 말하는데, 대개 글 안에서 앞뒤 문맥상 문법이 적절한지 판단하는 경우를 의미해요.

> Customers will only buy a product after they notice it at the market. If they don't know that the product is there, customers would probably not buy [**it / them**]. Advertising also helps people find the best for themselves. ~
>
> 〈기출 응용〉

위에서 예로 든 어법 문제는 대명사 it과 them 중 어떤 것이 적절한지를 묻고 있어요. 문법적으로는 동사 buy의 목적어로 대명사 it과 them 모두 가능해요. 하지만 문장의 구조와 문맥을 살펴보면, 이 대명사가 가리키는 것은 앞에 나온 the product이므로 정답은 it이 되는 거죠.

최근 수능과 모의고사에는 이러한 어법 문제를 통해 문법 지식뿐만 아니라 문장구조에 대한 지식을 묻는 문제가 출제된답니다. 즉, 각 품사의 역할과 기능이 올바른지, 문맥상 적절히 쓰였는지를 판단해야 하는 거죠. 따라서 각각의 문법 사항들을 암기하는 것에 그치는 것이 아니라 문장구조와 문맥에 따라 알맞게 쓰였는지를 파악할 수 있는 실력이 필요하답니다.

어법 문제 유형과 출제 경향

수능/모의고사 어법 문제는 두 가지 유형이 있어요. 첫 번째 유형은 지문에서 (A), (B), (C) 자리에 제시된 두 가지 선택지들의 알맞은 조합을 찾는 겁니다. 두 번째 유형은 밑줄이 그어진 다섯 개의 선택지 중 어법상 틀린 하나를 고르는 거예요. 이 두 가지 유형을 잘 알아두고 어떤 것이 나오더라도 막힘없이 풀 수 있어야 해요!

● **(A), (B), (C)의 각 네모 안에서 어법에 맞는 표현으로 가장 적절한 것은?**

A lot of customers buy products only after they are made aware that the products are available in the market. Let's say a product, even if it has been out there for a while, is not (A) advertising / advertised . Then what might happen? Not knowing that the product exists, customers would probably not buy it even if the product may have worked for (B) it/them . Advertising also helps people find the best for themselves. When they are made aware of a whole range of goods, they are able to compare them and make purchases so that they get (C) that/what they desire with their hard-earned money. Thus, advertising has become a necessity in everybody's daily life.

	(A)		(B)		(C)
①	advertising	……	it	……	that
②	advertising	……	them	……	what
③	advertised	……	them	……	what
④	advertised	……	it	……	what
⑤	advertised	……	them	……	that

● **다음 글의 밑줄 친 부분 중, 어법상 틀린 것은?**

Your parents may be afraid that you will not spend your allowance wisely. You may make some foolish spending choices, but if you ① do, the decision to do so is your own and hopefully you will learn from your mistakes. Much of learning ② occurs through trial and error. Explain to your parents that money is something you will have to deal with for the rest of your life. It is better ③ what you make your mistakes early on rather than later in life. Explain that you will have a family someday and you need to know how ④ to manage your money. Not everything ⑤ is taught at school!

수능/모의고사 기출 어법 문제는 다양한 어법 포인트들을 다루지만 모든 문법 사항이 똑같은 비중으로 출제되는 것은 아니랍니다. 좀 더 중요하고 자주 출제되는 어법 포인트는 확실하게 학습해두어야 출제될 때마다 놓치지 않고 풀 수 있답니다. 〈수능 빈출 어법〉 챕터에서 아래 역대 수능/모의고사 최다 빈출 어법 포인트들을 포함해 자주 출제되는 어법 포인트를 집중적으로 훈련해 보아요!

순위	출제 빈도 높은 기출 어법 포인트	본문 수록
1	문장의 동사 vs. 준동사	2권 Ch 18 Point 01
2	관계대명사와 관계부사	2권 Ch 23, 24, 25
3	what vs. that[which]	2권 Ch 25 Point 05, 06
4	접속사의 병렬구조	2권 Ch 22 Point 01
5	능동 v-ing vs. 수동 p.p.	2권 Ch 18 Point 04
6	수식받는 주어의 수일치	1권 Ch 05, 13 / 2권 Ch 18, 22, 25
7	능동태 vs. 수동태	1권 Ch 09 Point 01, 02
8	형용사 vs. 부사 자리	1권 Ch 05 Point 03
9	대명사의 일치	1권 Ch 05 Point 02
10	다양한 목적격보어의 형태	2권 Ch 17

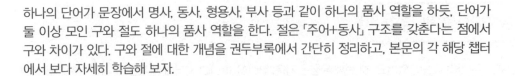
하나의 단어가 문장에서 명사, 동사, 형용사, 부사 등과 같이 하나의 품사 역할을 하듯, 단어가
둘 이상 모인 구와 절도 하나의 품사 역할을 한다. 절은 「주어+동사」 구조를 갖춘다는 점에서
구와 차이가 있다. 구와 절에 대한 개념을 권두부록에서 간단히 정리하고, 본문의 각 해당 챕터
에서 보다 자세히 학습해 보자.

1. 구

두 개 이상의 단어가 모여서 하나의 품사 역할을 하는 것을 '구'라고 한다. 문장 내에서의 역
할에 따라 명사구, 형용사구, 부사구로 나누어진다.

1. 명사구
명사와 마찬가지로 문장에서 주어, 목적어, 보어의 역할을 한다. to부정사(to-v)구와 동명사
(v-ing)구가 대표적이다.

Driving fast is very dangerous. 빠르게 운전하는 것은 아주 위험하다.
동명사구(주어)

I hope **to see you again**. 나는 너를 다시 만나기를 희망한다.
　　　to부정사구(목적어)

I enjoy **swimming in the sea in summer**. 나는 여름에 바다에서 수영하는 것을 즐긴다.
　　　　동명사구(목적어)

My hobby is **to collect coins**. 나의 취미는 동전을 수집하는 것이다.
　　　　부정사구(보어)

2. 형용사구
형용사와 마찬가지로 문장에서 명사를 수식하거나, 보어 역할을 한다. 주로 to부정사구, 분
사구, 전명구가 형용사구로 쓰인다.

I have no *time* **to watch TV**. 〈to부정사구가 명사 수식〉

나는 TV를 볼 시간이 없다.

Look at *that boy* **wearing a blue uniform**. 〈분사구가 명사 수식〉

파란 교복을 입고 있는 저 소년을 봐.

She showed me *a picture* **of her family**. 〈전명구가 명사 수식〉

그녀는 내게 자신의 가족사진을 보여주었다.

My teacher is always **in a good mood**. 나의 선생님께서는 항상 기분이 좋으시다.
　　　　전명구(주격보어)

I felt tears **running down my cheeks**. 나는 눈물이 나의 뺨에 흘러내리는 것을 느꼈다.
　　　　분사구(목적격보어)

3. 부사구

부사와 마찬가지로 동사, 형용사, 부사 또는 문장 전체를 수식한다. 주로 to부정사구, 전명구, 분사구문이 부사구로 쓰인다.

David *went out* to meet his friend. 〈to부정사구가 동사 수식〉

데이비드는 친구를 만나기 위해서 나갔다.

Is this water *safe* to drink? 〈to부정사구가 형용사 수식〉

이 물은 마시기에 안전하니?

I'm not *good* at math, but I like math. 〈전명구가 형용사 수식〉

나는 수학을 잘하지 않지만, 나는 수학을 좋아한다.

He called me *late* at night. 〈전명구가 부사 수식〉

그는 내게 밤늦게 전화했다.

We *are studying* for an exam. 〈전명구가 동사 수식〉

우리는 시험을 위해서 공부하고 있는 중이다.

Judging by his accent, *he's from Britain*. 〈분사구문이 문장 수식〉

그의 억양으로 판단하면, 그는 영국 사람이다.

2. 절

「주어+동사」의 구조를 갖추고 있으면서 문장의 일부를 이루고 있는 것을 '절'이라고 한다. 절 또한 문장 내에서의 역할에 따라 등위절, 명사절, 형용사절, 부사절 등으로 나눌 수 있다.

1. 등위절

등위접속사 and, but, or, for 등에 의해서 대등하게 연결되는 두 절을 말한다.

주어 + 동사 ~	등위접속사	주어 + 동사 ~
등위절		등위절

Ann's father is a dentist and her mother is a teacher.
앤의 아버지는 치과의사이시고 그녀의 어머니는 선생님이시다.
I like to play soccer, but Paul likes to play baseball.
나는 축구하는 것을 좋아하지만 폴은 야구하는 것을 좋아한다.
You should always do your best, or you'll regret it someday.
너는 항상 최선을 다해야 한다. 그렇지 않으면 너는 언젠가 그것을 후회할 것이다.
You cannot drive a car without a driver's license, for it is illegal.
너는 운전면허 없이 차를 운전할 수 없는데, 왜냐하면 그것은 불법이기 때문이다.

2. 명사절

접속사 that, if, whether와 의문사 what, who, how 등이 이끌며 명사처럼 문장에서 주어, 목적어, 보어 역할을 한다.

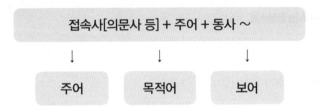

Whether the rumor is true is very important to me.

　　　　　　　주어

그 소문이 사실인지는 나에게 매우 중요하다.

Do you believe **that there is life on Mars?** 너는 화성에 생물체가 있다는 것을 믿니?

　　　　　　　목적어

I don't know **who stole my bike.** 나는 누가 내 자전거를 훔쳐갔는지 모른다.

　　　　　목적어

The important thing is **how we feel about a work of art**.

　　　　　　　　　보어

중요한 것은 우리가 예술작품에 대해 어떻게 느끼는지이다.

My question is **when the concert will begin**.

　　　　　　보어

내 질문은 그 콘서트가 언제 시작할 것인지이다.

3. 형용사절

관계대명사 who, which, that 등과 관계부사 when, where, why, how가 이끌며 형용사처럼 명사를 수식한다.

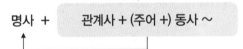

Thomas Alva Edison was *a man* **who invented many great things**.

토머스 앨바 에디슨은 많은 위대한 것들을 발명한 사람이었다.

The bus **which I take every morning** was late today.

내가 매일 아침 타는 그 버스는 오늘 늦었다.

A kangaroo is *an animal* **that lives in Australia.**

캥거루는 호주에 사는 동물이다.

Fall is *the time* **when farmers harvest their crops.**

가을은 농부들이 농작물을 수확하는 때이다.

This cafe is *a place* **where we can talk freely.**

이 카페는 우리가 자유롭게 이야기 할 수 있는 곳이다.

He didn't tell me *the reason* **why he didn't call me yesterday.**

그는 그가 어제 내게 전화하지 않은 이유를 내게 말하지 않았다.

4. 부사절

접속사 after, if, although 등이 이끌며 문장에서 부사 역할을 하면서, 시간·이유·조건·대조·목적 등의 의미를 나타낸다.

$$\frac{주어 + 동사 \sim}{주절}$$

접속사 + 주어 + 동사 ∼

What did you do after you finished school? 너는 학교를 마친 후에 무엇을 했니?
　　　　　　　　시간

As Minsu was so tired, he didn't go jogging.
　　　　이유
민수는 매우 피곤했기 때문에, 조깅을 하러 가지 않았다.

If I have time, I will call you tonight. 만약 내가 시간이 있으면, 오늘 밤에 네게 전화할게.
　　조건

I didn't eat although I was hungry. 비록 배가 고팠지만, 나는 먹지 않았다.
　　　　　　　　대조

You should study hard so that you can be a doctor.
　　　　　　　　　　　목적
네가 의사가 될 수 있도록 너는 열심히 공부해야 한다.

Part 4
준동사

Chapter ⑭
부정사

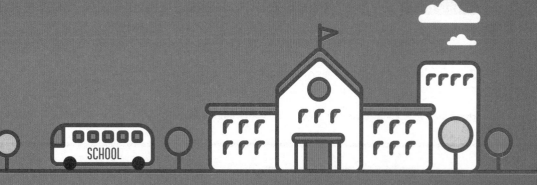

Unit 01 명사 역할의 to부정사

「to+동사원형」 형태의 to부정사(to-v)는 문장에서 명사, 형용사, 부사의 역할을 한다. 그중 명사 역할을 할 때 to부정사는 주어, 목적어, 보어로 쓰일 수 있으며 '~하는 것'의 의미이다.

1. 주어로 쓰이는 to부정사

◆ to부정사가 주어로 쓰이면 '~하는 것은'으로 해석하는데, 주로 to부정사구를 문장 끝으로 보내고(진주어) 주어 자리에 가주어 it을 쓴다. 이때의 it은 따로 해석하지 않는다.

To love yourself is important in life. (= **It** is important **to love** yourself in life.)
너 스스로를 사랑하는 것은 인생에서 중요하다.

It is exciting **to watch** soccer games and **to cheer** on the players.
축구 경기를 보고 선수들을 응원하는 것은 신난다.

It's better *not* **to buy** those shoes. They are too expensive.
저 신발은 사지 않는 것이 더 낫다. 그것들은 너무 비싸다.

2. 보어로 쓰이는 to부정사

◆ to부정사는 be동사 바로 뒤에 와서 주어를 보충 설명해 주는 역할(주격보어)도 한다. 이때의 to부정사는 주어와 의미상 동격 관계를 이룬다.

My wish is **to win** first place in the swimming competition.
(My wish = to win ~ competition) 나의 소원은 수영 대회에서 1등을 하는 것이다.

His plan was **to give** me a surprise party. 그의 계획은 내게 깜짝 파티를 해 주는 것이었다.

3. 목적어로 쓰이는 to부정사

◆ to부정사가 동사의 목적어로 쓰이면 '~하는 것을'로 해석한다.

I don't want **to get up** early on Sunday. 나는 일요일에 일찍 일어나는 것을 원하지 않는다.

He promised *not* **to be** late again. 그는 다시 늦지 않기로 약속했다.

(☞ Ch ⑮ Unit 02-2 to부정사만을 목적어로 쓰는 동사 참조)

◆ 「의문사+to-v」도 동사의 목적어로 쓰이며 「의문사+주어+should+v」의 의미이다.

what to do 무엇을 해야 하는지 / 하는 것	how to do 어떻게 해야 하는지 / 하는 방법
when to do 언제 해야 하는지 / 할 때	where to do 어디서 해야 하는지 / 하는 곳

I found **how to solve [how I should solve]** this problem.
나는 이 문제를 어떻게 해결해야 하는지 찾았다.

Let's decide **where to visit** in Spain. 스페인에서 어디를 방문해야 하는지 결정하자.

CHECK UP to부정사구에 밑줄을 긋고 각각의 역할을 S'(진주어), C(보어), O(목적어)로 표시하시오.

1 It is wrong to cheat during a test.

2 My wish is to be a great reporter.

3 I really like to make a snowman in the winter.

---

cheer on ~을 응원하다   **win first place** 1등을 하다   **competition** 경쟁; 대회   **cheat** 부정행위를 하다[베끼다]; 속이다

보이는 문법

to부정사 vs. to 전명구

• to부정사

to + 동사원형

I like **to read** novels.
나는 소설 읽는 것을 좋아한다.

• to 전명구

to + 명사(구)

I went **to the bookstore**.
나는 서점에 갔다.

TIP

it의 여러 가지 역할

• 가주어 it
It was difficult *to answer her question*.
그녀의 질문에 답하는 것은 어려웠다.

• 지시대명사 it
Is *your pasta* delicious? **It** smells good.
네 파스타 맛있니? 그것은 냄새가 좋구나.

• 비인칭주어 it
It will snow a lot today.
오늘은 눈이 많이 올 것이다.

Practice

Ⓐ 다음 각 문장에서 밑줄 친 부분을 바르게 고쳐 쓰시오.

01 It's necessary <u>have</u> a passport for a trip abroad.

02 I won't be late. I promise <u>be</u> on time.

03 He agreed <u>to not buy</u> the cell phone finally.

04 I learned <u>how skate</u> when I was around six or seven.

05 For children, it is difficult <u>not eat</u> sweets.

Ⓑ 다음 중 어법상 바르지 <u>않은</u> 문장을 고르시오.

① It's fun to surf the Internet.

② What do you want be in the future?

③ It is important not to eat too much of any one food.

④ My favorite hobby is to take pictures of myself and friends.

⑤ He showed her where to wash her face and hands.

Ⓒ 주어진 문장을 〈보기〉와 같이 가주어 it을 사용하여 바꿔 쓰시오.

> 보기 To exercise doesn't cost much money.
>
> ➜ **It doesn't cost much money to exercise.**

01 To decide what to buy is up to her.

➜ _____

02 To hear your old stories is always interesting.

➜ _____

03 To recycle paper, glass and cans is important.

➜ _____

A passport 여권 **B** surf the Internet 인터넷을 검색하다 **C** up to ~에 달려 있는; ~까지 recycle 재활용하다

Unit 02 형용사 역할의 to부정사

to부정사는 명사(구)를 수식하거나 주어를 서술하는 형용사 역할을 할 수 있다.

1. 명사(구)를 수식하는 to부정사

◆ 「명사(구)+to-v」의 형태로, to부정사는 명사(구) 뒤에 위치하여 명사(구)를 수식하는 형용사 역할을 한다. 이때 to부정사는 '~하는, ~할'로 해석한다.

Did you find *some recipes* **to cook** for the picnic?
너는 소풍을 위해 요리할 몇 가지 요리법들을 찾았니?

Our family has *a plan* **to travel** India for a month.
우리 가족은 한 달 동안 인도를 여행할 계획을 갖고 있다.

◆ 수식받는 명사가 전치사의 목적어일 때는 to부정사 뒤에 전치사가 필요하다.

Please lend me *a pen* **to write with**. (*cf.* write with a pen) 저에게 가지고 쓸 펜을 빌려 주세요.

There weren't *any chairs* **to sit on** in the library. (*cf.* sit on a chair)
도서관에는 앉을 의자들이 전혀 없었다.

I have *a little brother* **to take care of**. (*cf.* take care of a little brother)
나는 돌봐야 할 남동생이 있다.

2. 주어를 서술하는 be to-v / seem[appear] to-v

◆ 「be+to-v」는 문맥에 따라 여러 가지 의미로 쓰일 수 있다.

We **are to have** an English test next Monday. 〈예정〉
우리는 다음 주 월요일에 영어 시험을 볼 예정이다.

You **are to apologize** to Mary for your mistake. 〈의무〉 너는 네 실수에 대해 메리에게 사과해야 한다.

No one **was to be seen** on the street. 〈가능〉 거리에는 한 사람도 보이지 않았다.

If you **are to arrive** in time, you should take the train at 10 o'clock. 〈의도〉
만약 네가 제시간에 도착하려면, 너는 10시에 그 기차를 타야 한다.

◆ 「seem[appear]+to-v (~인 것 같다)」의 to-v는 주어를 서술하는 보어이다.

My sister **seems to be** in a bad mood today. 내 여동생은 오늘 기분이 나쁜 것 같다.

Peter **appeared to need** someone to talk with.
피터는 함께 이야기할 누군가를 필요로 하는 것 같았다.

CHECKUP 1 다음 각 문장에서 밑줄 친 to부정사구의 수식을 받는 말에 밑줄을 치시오.

1 I have several books to buy.

2 We will book a hotel to stay at in Paris.

CHECKUP 2 다음 각 문장의 밑줄 친 부분을 우리말로 옮기시오.

1 They are to get married next month.

2 Sam seems to be sick.

---

recipe 요리법　**mood** 기분, 분위기　**book** 책; 예약하다

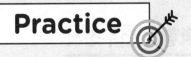

Practice

A 다음 밑줄 친 to부정사의 역할이 명사면 '명', 형용사면 '형'을 쓰시오.

01 We've got an hour <u>to kill</u> before the play starts.

02 It is not easy <u>to exercise</u> every day.

03 <u>To protect</u> the environment is important.

04 The apron has no pocket <u>to put</u> things in.

05 Would you like something <u>to drink</u>?

06 I hope <u>to meet</u> the handsome boy again.

07 Kate seems <u>to know</u> who the man is.

08 You are <u>to come back</u> here before 6 o'clock.

B 다음 각 문장에서 밑줄 친 부분을 바르게 고쳐 쓰시오.

01 I saw Helen at the party, but we didn't have a chance <u>talk to</u> each other.

02 We are to <u>visiting</u> my grandparents' house this weekend.

03 He seems <u>know</u> nothing about the matter.

04 Can you give me another piece of paper <u>to write</u>?

05 Alex appears <u>not know</u> how to turn on the radio.

C 주어진 우리말과 일치하도록 괄호 안의 단어들을 배열하여 문장을 완성하시오.

01 내게 먹을 것을 좀 줄 수 있니? (me / give / to / something / eat)
➜ Can you _____?

02 너는 지금 너의 방을 청소해야 한다. (clean / to / are / room / your)
➜ You _____ now.

03 그녀는 두통이 있는 것 같다. (have / she / to / seems)
➜ _____ a headache.

04 나의 어머니는 내 문제에 대해 이야기할 가장 친한 친구들 중 한 명이시다.
(talk about / my / troubles / with / to)
➜ My mother is one of my best friends _____.

A environment 환경   apron 앞치마   **B** matter 문제, 일   **C** headache 두통

Unit 03　부사 역할의 to부정사

to부정사는 동사, 형용사, 부사, 문장 전체를 수식하는 부사 역할을 할 수 있다.

1. '목적'을 나타내는 to부정사

◆ to부정사는 '~하기 위해'의 뜻으로 목적을 나타내고, 앞에 in order를 붙이기도 한다.

My father went to the bank **to get** (= **in order to get**) some money.
나의 아버지께서는 약간의 돈을 찾기 위해 은행에 가셨다.
I called Linda **to say** hello. 나는 안부 인사를 하기 위해 린다에게 전화했다.

2. 형용사를 수식하는 to부정사

◆ 형용사를 뒤에서 수식하는 부사 역할의 to부정사는 '~하기에'로 해석한다.

The math question was *hard* **to solve**. 그 수학 문제는 풀기에 어려웠다.

◆ 사람의 감정이나 태도를 나타내는 형용사를 수식하는 to부정사는 감정/태도의 원인 (~해서, ~하여) 또는 판단의 근거 (~하다니)를 나타낸다.

We were *happy* **to get** a discount on movie tickets. 우리는 영화 표를 할인받아서 행복했다.
He must be *rich* **to buy** such an expensive car. 그렇게 비싼 차를 사다니 그는 부자임에 틀림없다.

3. too ~ to-v / ~ enough to-v

◆ too+형용사[부사]+to-v: 너무 ~해서 …할 수 없다
　(= so+형용사[부사]+that+주어+can't+v)
◆ 형용사[부사]+enough to-v: …할 만큼 충분히 ~한[하게]
　(= so+형용사[부사]+that+주어+can+v)

These boxes are **too** *heavy* **to carry**. 이 상자들은 너무 무거워서 옮길 수가 없다.
(= These boxes are **so** *heavy* **that** I **can't** *carry* them.)
I am **too** *shy* **to introduce** myself to my classmates.
나는 너무 수줍어서 나의 반 친구들에게 내 소개를 할 수 없다.
The river was *clean* **enough to swim** in. 그 강은 수영하기에 충분히 깨끗했다.
(= The river was **so** *clean* **that** I **could** *swim* in it.)

CHECKUP 다음 중 어법상 적절한 것을 고르시오.

1 David went over to Africa | never return / never to return |.

2 My teacher is generous | enough / enough to | forgive my faults.

3 The jacket is | too small / enough small | to wear.

discount 할인　**go over to** ~로 건너가다

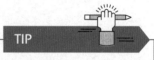

TIP

결과를 나타내는 to부정사
to부정사는 앞에 오는 동사에 잇따른 결과를 나타내기도 한다.

· grow up+to-v: 자라서 ~이 되다
The honest boy **grew up to be** the President of the United States.
그 정직한 소년은 자라서 미국의 대통령이 되었다.

· ~ only[never]+to-v: (~했지만) 결국 …하다[하지 못하다]
I entered the house **only to find** empty rooms.
나는 집에 들어갔지만, 빈 방들만 발견했다.

She studied hard **never to pass** the exam.
그녀는 열심히 공부했으나 결국 시험에 통과하지 못했다.

보이는 문법

to부정사의 역할 정리

~하는 것 (명사 역할)　~하기 위해 (부사 역할)
~하는 (형용사 역할)
to 부정사

I want **to ride** a bike. 〈명사 역할〉
나는 자전거를 타고 싶다.

I borrowed a bike **to ride**.
〈형용사 역할〉 나는 탈 자전거를 빌렸다.

I went to the park **to ride** a bike.
〈부사 역할〉 나는 자전거를 타기 위해 공원에 갔다.

Practice

Ⓐ 다음 각 문장에서 밑줄 친 부분을 바르게 고쳐 쓰시오.

01 We hurried <u>not in order to be</u> late for our class.

02 They all feel lucky <u>be</u> alive and healthy at this time.

03 I am <u>not enough rich</u> to eat out every day.

04 Oliver is too young <u>take care of</u> his dog alone.

Ⓑ 주어진 우리말과 일치하도록 빈칸에 알맞은 단어를 써넣으시오.

01 나는 꽃병 하나를 사기 위해 꽃집에 갔다.

I went to the flower shop _____ _____ _____ buy a flower vase.

02 나는 너무 바빠서 전화를 받지 못했다.

I was _____ _____ _____ answer the phone.

03 우리는 좋은 자리를 차지할 수 있을 만큼 일찍 콘서트에 도착했다.

We got to the concert early _____ _____ get good seats.

Ⓒ 주어진 두 문장을 〈보기〉와 같이 한 문장으로 바꿔 쓰시오.

> (보기) I have a nice girlfriend. I'm lucky.
> ➜ **I'm lucky to have a nice girlfriend.**

01 Nancy got a gift from her best friend. She was happy.

➜ _____

02 Mom saw my room in a mess. She was angry.

➜ _____

> (보기) I cleaned the oven. I wanted to bake some cookies.
> ➜ **I cleaned the oven to bake some cookies.**

03 My sister is studying hard. She wants to do well on the exam.

➜ _____

04 We stopped at a rest area. We wanted to take a short rest.

➜ _____

A eat out 외식하다   **C in a mess** 어질러진 상태인   **rest area** (고속도로 등의) 휴게소

Chapter Exercises

A 다음 중 빈칸에 적절한 것을 고르시오.

01 It is dangerous _____ a bike without wearing a helmet.
① ride   ② rides   ③ rode   ④ to ride   ⑤ for riding

02 We asked the man _____ to the station.
① get   ② gets   ③ got   ④ how get   ⑤ how to get

03 Can you turn the volume up, please? It isn't _____ to hear.
① too loud   ② enough loud   ③ loudly
④ to loud   ⑤ loud enough

04 Children's questions are always hard _____.
① to answering   ② answer   ③ to answer them
④ to answer   ⑤ answered

05 The weather is _____ today. Why don't we watch a movie at home?
① to cold too go out   ② too cold to go out   ③ too cold not to go out
④ so cold that we go out   ⑤ so cold that not go out

06 This new model of smartphone is too confusing _____ for my grandfather.
① use   ② that use   ③ used
④ to use   ⑤ using

A **turn up** (소리 등을) 높이다 (↔ **turn down** (소리 등을) 낮추다)　**confusing** 혼란시키는; (복잡하여) 헷갈리는

B 다음 중 밑줄 친 부분의 해석이 바르지 <u>않은</u> 것을 고르시오.

01 ① I haven't decided <u>what to do</u> at the talent show. (무엇을 해야 하는지)

② My sister grew up <u>to be</u> a lawyer. (되기 위해)

③ Did you hear <u>when to start</u> the meeting today? (언제 시작해야 하는지)

④ He practiced the piano hard <u>in order to show</u> his mom. (보여 주기 위해)

⑤ Jane was frightened <u>to see</u> lions in the zoo. (봐서)

02 ① Peter <u>seems to be worried</u> about his presentation tomorrow. (걱정되는 것 같다)

② You <u>are to talk</u> politely to your teacher. (말해야 한다)

③ It is important <u>to return</u> Amy's bike. (돌려주는 것)

④ There are a lot of things <u>to buy</u> today. (사야 할)

⑤ I went to the library <u>to read</u> a book. (읽을)

C 다음 중 우리말의 영작이 바르지 <u>않은</u> 것을 고르시오.

① 극장으로 가는 가장 빠른 길은 무엇인가요?

➔ What is the fastest way to get to the theater?

② 나는 너무 졸려서 어젯밤에 숙제를 끝마치지 못했다.

➔ I was too sleepy to finish my homework last night.

③ 토니는 내 제안을 좋아하는 것 같다.

➔ Tony seems like my suggestion.

④ 감기에 걸리지 않도록 조심해.

➔ Take care not to catch a cold.

⑤ 그는 집 없는 아이들을 돕기를 원한다.

➔ He wanted to help homeless children.

B talent show 장기 자랑　lawyer 변호사　presentation 발표; 설명　**C** catch a cold 감기에 걸리다

D 다음 중 밑줄 친 to부정사의 쓰임과 역할이 〈보기〉와 같은 것을 고르시오.

01

> 보기   It is better <u>to drink</u> water before meals.

① Kate is the oldest woman <u>to complete</u> a marathon.
② He couldn't find any cloth <u>to wipe</u> the window.
③ She was confident enough <u>to tell</u> her opinion in class.
④ <u>To dance</u> in front of people is scary to me.
⑤ She seems <u>to like</u> swimming.

02

> 보기   I had no time <u>to have</u> lunch.

① She is the first woman <u>to become</u> the president of the country.
② Trees are cut down <u>to make</u> houses.
③ The sofa is too dirty <u>to sit on</u>.
④ My brother offered <u>to lend</u> me a little money.
⑤ It is not easy <u>to learn</u> how to play the violin.

03

> 보기   I booked the flight <u>to visit</u> my grandparents.

① It is difficult <u>to find</u> a job.
② I couldn't find the key <u>to open</u> the door.
③ Cindy likes <u>to talk</u> with strangers.
④ He still has a lot of boxes <u>to deliver</u> today.
⑤ I turned on the computer <u>to check</u> my e-mail.

D wipe 닦다   **offer** 제안하다, (기꺼이) 해 주겠다고 하다   **stranger** 낯선 사람

E 주어진 두 문장을 한 문장으로 바꿀 때 빈칸에 알맞은 말을 써넣으시오.

01 Sally got a perfect score on the test. She is smart enough.

➜ Sally is _____ _____ _____ get a perfect score on the test.

02 I rang the doorbell. I wanted to enter the house.

➜ I rang the doorbell _____ _____ _____ _____ .

👍 서술형 대비

F 주어진 우리말과 일치하도록 괄호 안의 단어들을 배열하여 문장을 완성하시오.

01 뒤뜰은 배드민턴을 치기에 너무 좁다. (small / play / to / badminton / too)

➜ The backyard is _____ .

02 운동은 체중을 줄일 가장 좋은 방법이다. (lose / to / the / way / best / weight)

➜ Exercise is _____ .

03 그의 습관은 아침에 한 잔의 차를 마시는 것이다. (to / his / have / is / habit)

➜ _____ a cup of tea in the morning.

04 나는 이 새 그림을 어디에 걸어야 할지 모르겠다. (painting / hang / this / to / where / new)

➜ I don't know _____ .

05 요즘에는 다른 사람들과 SNS로 의사소통 하는 것이 더 흔하다.
(more / communicate / it / to / is / common)

➜ _____ with others through SNS these days.

06 나는 도우려고 했지만, 결국 그를 속상하게 만들었다. (him / to / upset / only)

➜ I tried to help _____ .

F backyard 뒤뜰   **upset** 속상하게 만들다[하다]

Unit 01 　명사 역할의 to부정사

It is exciting to watch soccer games and to cheer on the players. 〈주어 역할〉
가주어

My wish is to win first place in the swimming competition.
　　　　　　　　　　　　　　　　　　　　　〈보어 역할: 주어와 동격 관계〉

I don't want to get up early on Sunday. 〈목적어 역할〉

I found how to solve this problem.
　　　　의문사+to-v

Unit 02 　형용사 역할의 to부정사

Did you find some recipes to cook for the picnic?
　　　　　　　　　　　　　　　　명사 수식

We are to have an English test next Monday. 〈주어를 서술하는 be to-v (예정)〉

My sister seems to be in a bad mood today. 〈주어를 서술하는 seem to-v〉

Unit 03 　부사 역할의 to부정사

My father went to the bank to get some money. 〈목적: ~하기 위해〉

The math question was hard to solve.
　　　　　　　　　　　　형용사 수식

We were happy to get a discount on movie tickets. 〈감정·태도의 원인: ~해서, ~하여〉

He must be rich to buy such an expensive car. 〈판단의 근거: ~하다니 (…인)〉

These boxes are too heavy to carry. 〈너무 ~해서 …할 수 없다〉

The river was clean enough to swim in. 〈…할 만큼 충분히 ~한[하게]〉

Chapter ⑮
동명사

Unit 01　주어/보어/목적어로 쓰이는 동명사

「동사원형+-ing」 형태는 동사에서 비롯되었지만 명사처럼 쓰이기 때문에 '동명사'라고 한다. 명사로 쓰여 문장에서 주어, 보어, 목적어의 역할을 하며 '~하는 것'의 의미이다.

보이는 문법

v+-ing = 동명사
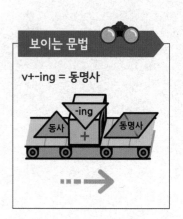

1. 주어로 쓰이는 동명사

◆ to부정사처럼 동명사도 문장의 주어로 쓰인다. 단 주어 자리에 가주어 it을 대신 쓰고 문장 뒤로 옮겨가는 to부정사와 달리 동명사는 주어 자리에 그대로 쓰는 것이 일반적이다. 주어로 쓰인 동명사는 단수 취급하며 동명사의 부정형은 동명사 앞에 not 또는 never를 붙인다.

Being a star *is* not always wonderful. 스타인 것이 항상 멋진 것은 아니다.
　　　　주어

Not eating sweets *is* helpful for your health. 단것을 먹지 않는 것이 너의 건강에 도움이 된다.

2. 보어로 쓰이는 동명사

◆ 동명사는 주어를 보충 설명하는 주격보어로도 쓰인다. 이때의 동명사는 to부정사로 바꿔 쓸 수 있다.

My hobby is **baking** cookies for my friends. (= to bake cookies for my friends)
　　　　　　　보어

내 취미는 친구들을 위해 쿠키를 굽는 것이다.

3. 목적어로 쓰이는 동명사

◆ 동명사는 동사나 전치사의 목적어로 쓰일 수 있다.

Every morning, I enjoy **taking** a long walk. 매일 아침 나는 오래 산책하는 것을 즐긴다.
　　　　　　　 동사　　　 목적어

She has studied for two hours without **stopping**. 그녀는 두 시간 동안 멈추지 않고 공부했다.
　　　　　　　　　　　　　　　　 전치사　　목적어

◆ 전치사 to 뒤에 동명사가 쓰일 경우 to부정사의 to와 혼동하여 뒤에 동사원형을 쓰지 않도록 주의한다.

「전치사 to+v-ing」 표현: be used to+v-ing (~에 익숙하다) /

look forward to+v-ing (~을 고대하다) / object to+v-ing (~을 반대하다)

She *is used to* **driving** on the narrow road. 그녀는 좁은 길에서 운전하는 것에 익숙하다.

I'm *looking forward to* **meeting** you again. 나는 너를 다시 만나기를 고대하고 있어.

TIP

동명사가 쓰이는 주요 표현

· be good at v-ing ~을 잘하다
· succeed in v-ing ~에 성공하다
· prevent[stop, keep] A from v-ing
　A가 ~하는 것을 막다
· be busy (in) v-ing
　~하느라 바쁘다
· feel like v-ing ~하고 싶다
· have difficulty (in) v-ing
　~하는 데 어려움을 겪다
· be worth v-ing ~할 가치가 있다
· spend ~ on v-ing
　~을 …하는 데 쓰다
· It is no use v-ing
　~해도 소용없다

CHECKUP 괄호 안의 동사를 문맥에 알맞은 형태로 써넣으시오.

1 I'm worried about ＿＿＿＿＿ late for the concert. (be)

2 I object to ＿＿＿＿＿ a taxi during rush hour. (take)

3 Ted looked at Sally without ＿＿＿＿＿ anything. (say)

take a walk 산책하다　　**narrow** 좁은　　**rush hour** (출퇴근) 혼잡 시간, 러시아워

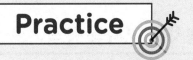

Practice

A 다음 각 문장의 밑줄 친 동명사의 역할을 〈보기〉에서 골라 기호를 쓰시오.

> 보기   ⓐ 주어   ⓑ 보어   ⓒ 동사의 목적어   ⓓ 전치사의 목적어

01   Please finish <u>filling</u> in the form.

02   I'm tired of <u>repeating</u> the same routine every day.

03   <u>Fastening</u> your seat belt on the highway is important.

04   His biggest concern is <u>reducing</u> wasted water.

05   My sister kept <u>asking</u> me the same question.

B 다음 각 밑줄 친 부분에서 <u>어색한</u> 부분을 찾아 바르게 고쳐 쓰시오.

01   I enjoy <u>get up early</u> in the morning.

02   My sister <u>looked forward to take</u> part in the summer camp.

03   <u>Eating not fast food</u> is necessary for your balanced diet.

04   I stopped the child <u>from run</u> into the street.

C 다음 각 문장을 〈보기〉와 같이 동명사를 이용한 문장으로 바꿔 쓰시오.

> 보기   It has certain advantages to live in this country.
>
>   ➔   **Living in this country has certain advantages** .

01   It's necessary to practice grammar.

➔ _____ .

02   It's important to look both ways on the crosswalk.

➔ _____ is important.

03   In some cases, it isn't bad to tell white lies.

➔ In some cases, _____ .

A fill in (서식을) 작성하다   **form** 형태; (공식적인 문서의) 서식   **routine** 일과, (판에 박힌) 일상   **fasten** 매다[채우다]; 고정시키다   **concern** 관심사; 우려, 걱정   **B take part in** ~에 참가하다 (= **participate in**)   **balanced** 균형이 잡힌   **diet** 식단; 식이요법   **run into** ~에 뛰어 들어가다; ~와 충돌하다   **C advantage** 이점, 장점   **crosswalk** 횡단보도   **case** 경우; 사건   **white lie** 선의의 거짓말

Unit 02 to부정사/동명사를 목적어로 쓰는 동사

1. 동명사만을 목적어로 쓰는 동사

◆ 동명사만을 목적어로 쓰는 동사들은 주로 현재 또는 과거의 일을 나타낸다.

enjoy walking 걷는 것을 즐기다	**mind** repeating 반복하는 것을 꺼리다
consider moving 이사하는 것을 고려하다	**avoid** speaking 말하는 것을 피하다
admit bothering 괴롭힌 것을 인정하다	**deny** lying 거짓말한 것을 부인하다
stop eating 먹는 것을 멈추다	**give up** running 달리는 것을 포기하다
keep crying 우는 것을 계속하다	**finish** studying 공부하는 것을 마치다
practice singing 노래하는 것을 연습하다	**put off** meeting 만나는 것을 미루다

We **enjoy** *eating* spicy food when we get stressed.
우리는 스트레스를 받을 때 매운 음식을 먹는 것을 즐긴다.

He **gave up** *fixing* his bike by himself. 그는 혼자서 자전거를 고치는 것을 포기했다.

2. to부정사만을 목적어로 쓰는 동사

◆ to부정사만을 목적어로 쓰는 동사들은 주로 미래의 일을 나타낸다.

want to play 놀기를 원하다	**decide** to leave 떠나기로 결정하다
expect to come 올 것을 기대하다	**hope** to stay 머물기를 희망하다
plan to travel 여행할 것을 계획하다	**promise** to visit 방문하기로 약속하다
agree to keep 지키기로 동의하다	**wish** to succeed 성공하기를 소망하다
need to talk 이야기할 필요가 있다	**refuse** to tell 말하기를 거절하다

We **decided** *to go* on a trip to Australia. 우리는 호주로 여행을 가기로 결정했다.

He **promised** never *to lie* to me again. 그는 다시는 나에게 거짓말을 하지 않기로 약속했다.

3. to부정사/동명사를 목적어로 쓰지만 의미가 다른 동사

	to부정사	동명사
remember	~할 것을 기억하다	~했던 것을 기억하다
forget	~할 것을 잊다	~했던 것을 잊다
try	~하려고 노력하다	(시험 삼아) ~해 보다
regret	~하게 되어 유감이다	~했던 것을 후회하다

> ◎ 수능 첫단추
>
> to부정사와 동명사를 목적어로 쓸 때 서로 의미가 달라지는 동사들이 있다.
> (➡ Ch ⑱ Point 02 to부정사/동명사 목적어의 의미가 다른 동사)

CHECKUP 다음 중 어법상 적절한 것을 고르시오.

1 My mom decided to buy / buying a puppy.

2 Sam loves learn / learning to cook.

3 I gave up to read / reading his novel. It's too long.

spicy 매운 **novel** 소설

TIP

to부정사/동명사 목적어의 의미가 같은 동사

love, like, hate, begin, start, continue 등의 동사는 to부정사와 동명사 모두를 목적어로 쓰며 둘의 의미 차이는 거의 없다.

I started **exercising[to exercise]** every morning. 나는 매일 아침 운동하기를 시작했다.

He likes **discussing[to discuss]** social issues with his friends. 그는 친구들과 사회 이슈에 대해 논하는 것을 좋아한다.

Practice

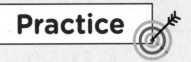

Ⓐ 다음 중 밑줄 친 부분을 to부정사로 바꿀 수 있는 것을 골라 기호를 쓰시오.

> a. The dog kept <u>barking</u> at the stranger.
> b. Let's start <u>practicing</u> our dance.
> c. It began <u>snowing</u> in the evening.
> d. I finished <u>preparing</u> dinner for my family.
> e. I hate <u>watching</u> horror movies.

Ⓑ 괄호 안의 동사를 문맥에 알맞은 형태로 써넣으시오.

01 I didn't expect _____ you here. (see)

02 You should avoid _____ instant food. (eat)

03 They wanted _____ some time to think. (have)

04 My father promised _____ me to the amusement park this Sunday. (take)

05 Jack regretted _____ his mother a lie yesterday. (tell)

Ⓒ 주어진 우리말과 일치하도록 괄호 안의 단어들을 이용하여 문장을 완성하시오.

01 너는 오늘 밤 영화 보러 가는 것에 동의하니? (agree, go)
→ Do you _____ to see a movie tonight?

02 우리는 내일 밤 전에 이 일을 끝내기로 계획을 세웠다. (plan, finish)
→ We _____ this work before tomorrow night.

03 오늘 네 삼촌의 농장을 방문하는 것을 연기하는 게 낫겠어. (put off, visit)
→ We'd better _____ your uncle's farm today.

04 나는 매일 기타를 치는 것을 연습한다. (practice, play)
→ I _____ the guitar every day.

05 네가 떠나기 전에 나에게 말하는 것을 잊지 마라. (forget, tell)
→ Don't _____ before you leave.

B amusement park 놀이공원

Chapter Exercises

A 다음 각 문장에서 동명사구에 밑줄을 긋고 각각의 역할을 S(주어), C(보어), O(목적어)로 표시하시오.

01 Preparing for the exam is not easy.

02 I've finished cleaning the house.

03 My role in this presentation is introducing the issues.

04 I'm used to eating breakfast every day.

05 Reading the preface of this book gave me a general idea of the contents.

B 다음 중 어법상 적절한 것을 고르시오.

01 People need | to obey / obeying | the rules.

02 | Protect / Protecting | nature is important.

03 Thank you for | come / coming | to see me.

04 We want | to stay / staying | at the hotel.

05 He denied | to enter / entering | my room.

C 다음 중 빈칸에 적절하지 <u>않은</u> 것을 고르시오.

01

I _____ riding a bike.

① liked   ② gave up   ③ enjoyed   ④ decided   ⑤ kept

02

We _____ to stay at my cousin's house this summer.

① agreed   ② wanted   ③ hoped   ④ planned   ⑤ minded

A preface (책 등의) 서문   **general** 일반적인; 종합적인, 대체적인   **content** 내용(물); 목차   **B obey** (명령 · 법 등을) 따르다, 지키다

D 다음 중 각 문장의 빈칸에 들어갈 말이 순서대로 바르게 짝지어진 것을 고르시오.

> · Sarah is considering _____ her house next month.
>
> · He agreed _____ his properties to charity.
>
> · Young kids should avoid _____ too many snacks.

① moving — to donate — eating

② to move — to donate — eating

③ moving — donating — to eat

④ moving — to donate — to eat

⑤ to move — donating — to eat

E 다음 중 빈칸에 알맞은 것을 고르시오.

01 He is used to _____ speeches in public.

① make   ② made   ③ making   ④ have made

02 Some students put off _____ their homework.

① do   ② to do   ③ have done   ④ doing

03 _____ is good for your health.

① Walk   ② Walked   ③ Walking   ④ Have walked

04 I am sure of _____ the test.

① pass   ② passed   ③ to pass   ④ passing

D property 재산, 소유물; 부동산   charity 자선 단체   donate 기부하다   **E** speech 연설   in public 대중 앞에서, 공개적으로

F 다음 중 어법상 바르지 <u>않은</u> 문장을 고르시오.

01 ⓐ Would you mind repeating the number?

ⓑ James hoped helping the poor.

ⓒ I feel like drinking a cup of juice.

02 ⓐ Sally recovered from her cold by staying in bed.

ⓑ Jake is not very good at read Korean.

ⓒ Mom was busy preparing for the party.

03 ⓐ She decided to put off the trip until next week.

ⓑ The audience started to cheer for the players.

ⓒ His dream is travel all around the world.

G 괄호 안의 동사를 문맥에 알맞은 형태로 써넣으시오.

01 I started _____ for the trip to Europe. (prepare)

02 The suspect denied _____ the victim. (threaten)

03 I am interested in _____ dreams. (analyze)

04 She expected _____ from her childhood friend. (hear)

05 I want to sleep instead of _____ breakfast. (eat)

06 My brother refused _____ me how to ride a bike. (teach)

F recover 회복되다; 되찾다　**G suspect** 용의자; 의심하다　**victim** 피해자　**threaten** 협박[위협]하다

서술형 대비

(H) **주어진 우리말과 일치하도록 괄호 안의 단어들을 이용하여 문장을 완성하시오.**

01 루시는 나를 보는 것을 피했다. (avoid, me, look at)

→ Lucy _____.

02 나는 아무것도 하고 싶지 않다. (anything, feel like, do)

→ I don't _____.

03 우리는 영어로 이야기하는 것에 익숙하다. (in English, be used to, talk)

→ We _____.

04 정부는 세금을 줄이는 것을 계획했다. (decrease, the tax, plan)

→ The government _____.

05 나는 그와 함께 영화 보는 것을 고대하고 있다. (look forward to, watch)

→ I'm _____ a movie with him.

06 톰은 제시간에 공항에 도착하는 것을 포기했다. (give up, arrive)

→ Tom _____ at the airport on time.

H **decrease** 감소하다; 줄이다   **tax** 세금   **government** 정부

Unit 01 │ 주어/보어/목적어로 쓰이는 동명사

Being a star is not always wonderful.
주어

My hobby is baking cookies for my friends.
보어

Every morning, I enjoy taking a long walk.
목적어

She has studied for two hours without stopping.
전치사의 목적어

Unit 02 │ to부정사/동명사를 목적어로 쓰는 동사

We enjoy eating spicy food when we get stressed.
동명사만을 목적어로 취하는 동사: enjoy, mind, consider, avoid, admit, deny, stop, give up, keep, finish, practice, put off 등

We decided to go on a trip to Australia.
to부정사만을 목적어로 취하는 동사: want, decide, expect, hope, plan, promise, agree, wish, need, refuse 등

Chapter ⑯
분사

Unit 01 명사를 수식하는 분사

분사는 형용사처럼 명사를 수식하거나 보어로 쓰일 수 있다. 분사에는 동사원형에 -ing가 붙은 현재분사(v-ing)와 -ed가 붙은 과거분사(p.p.)가 있다.

1. 현재분사와 과거분사

◆ 현재분사(v-ing)는 능동(~하는)과 진행(~하고 있는)의 의미를 나타내고, 과거분사(p.p.)는 수동(~해진, ~된, ~당한)과 완료(~한)의 의미를 나타낸다.

a **surprising** *party* 〈능동〉 놀라게 하는 파티   the **melting** *ice cream* 〈진행〉 녹고 있는 아이스크림
a **broken** *mirror* 〈수동〉 깨진 거울   a **grown** *woman* 〈완료〉 다 자란 여자

2. 분사의 위치

◆ 분사가 형용사처럼 명사를 수식하며 단독으로 쓰일 때는 명사 앞에 위치하고, 뒤에 목적어, 보어, 부사(구) 등을 동반할 때는 명사 뒤에 위치한다.

He warmed his hands in front of the **burning** *fire*.
그는 타오르는 불 앞에서 자신의 손을 따뜻하게 했다.

Many people buy **used** *things* on the Internet. 많은 사람들이 인터넷에서 중고품들을 산다.

Look at *the girl* **singing on the stage**. 무대에서 노래를 부르고 있는 저 소녀를 봐.

The lady **wearing a blue skirt** is my mother. 파란색 치마를 입고 있는 여인은 나의 어머니시다.

Sam bought *the latest magazine* **published last week**.

샘은 지난주에 출간된 가장 최신의 잡지를 샀다.

I am looking for *a student* **called Eric**. 나는 에릭이라고 불리는 학생을 찾고 있다.

> ◎ 수능 첫단추
>
> 분사와 수식 받는 명사의 관계가 능동인지 수동인지를 파악한다.
>
> (➔ Ch ⑱ Point 04 능동 v-ing vs. 수동 p.p.)

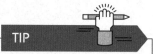

CHECKUP 굵게 표시된 분사가 수식하는 명사에 밑줄을 그으시오.

1 I asked my father to fix my **broken** toy.

2 Wash your hands under **running** water.

3 There is a ball **floating** in water.

4 The paintings **drawn** by her are expensive.

melt 녹다; 녹이다   **burn** 타오르다; 태우다

Practice

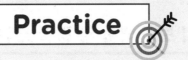

A 다음 중 어법상 적절한 것을 고르시오.

01 Nancy has a beautiful and shining / shined face.

02 She gave me some magazines publishing / published for teenagers.

03 The man by the window reading / read a newspaper is my boss.

04 A diary is a writing / written record of the writer's own feelings, thoughts, etc.

B 주어진 우리말과 일치하도록 괄호 안의 동사를 문맥에 알맞은 형태로 써넣으시오.

01 성장하는 아이는 균형 잡힌 식사가 필요하다. (grow)

➔ A _____ child needs a balanced diet.

02 그 냉동실은 냉동식품들로 가득 차 있다. (freeze)

➔ The freezer is filled with _____ food.

03 그들은 병으로 죽어가는 나무들을 베었다. (die)

➔ They cut down the trees _____ of disease.

04 빗속에서 버스를 기다리는 사람들이 젖고 있다. (wait)

➔ The people _____ for the bus in the rain are getting wet.

05 그녀는 나에게 스위스에서 만들어진 시계를 주었다. (make)

➔ She gave me a watch _____ in Switzerland.

C 주어진 우리말과 일치하도록 괄호 안의 단어들을 이용하여 문장을 완성하시오.

01 나는 삶은 달걀을 매우 좋아한다. (eggs, boil, like)

➔ I _____ very much.

02 소피는 모두에게서 사랑받는 소녀이다. (everybody, a girl, love, by)

➔ Sophie is _____.

03 나는 TV에서 충격적인 뉴스를 들었다. (some, hear, news, shock)

➔ I _____ on TV.

04 선글라스를 낀 그 남자가 보이니? (wear, see, sunglasses, the man)

➔ Can you _____?

A thought 사고, 생각 **B** freezer 냉동실 cut down ~을 자르다[베다] **C** boil 끓다; 끓이다

Unit 02 분사의 보어 역할 및 감정 표현

1. 보어로 쓰이는 분사

◆ 분사는 주어를 보충 설명하는 주격보어로 쓰일 수 있는데, 주어와의 관계가 능동이면 현재분사 v-ing (~하고 있는)를, 수동이면 과거분사 p.p. (~된, ~해진)를 쓴다.

His story sounds very **interesting**. 그의 이야기는 매우 흥미롭게 들린다.

The mystery remains **unsolved** after over 50 years.
그 미스터리는 50년이 넘었는데도 풀리지 않고 있다.

◆ 분사는 목적어를 보충 설명하는 목적격보어로도 쓰이며 목적어와 목적격보어의 관계가 능동·진행일 때는 현재분사 v-ing를, 수동·완료일 때는 과거분사 p.p.를 쓴다.
(☞ Ch ⑰ 준동사 심화 Unit 02 다양한 목적격보어의 형태 참조)

When I walked into my room, I found *Jack* **using** my computer.
내가 방으로 들어갔을 때, 나는 잭이 내 컴퓨터를 쓰고 있는 것을 발견했다.

Jane kept *the windows* **closed** during the weekend. 제인은 주말 동안 창문들을 닫은 채로 뒀다.

2. 감정을 나타내는 분사

◆ amaze, surprise 등의 감정을 나타내는 동사는 분사의 형태로 명사를 수식할 수 있다. 현재분사(v-ing)는 '~한 감정을 느끼게 하는'의 능동의 뜻이고, 과거분사(p.p.)는 '~한 감정을 느끼는'의 수동의 뜻이다.

an **amazing** story 놀라운 이야기	a **boring** movie 지루한 영화
an **amazed** girl 놀란 소녀	**bored** audiences 지루해진 관객들
an **exciting** game 흥분시키는 경기	a **confusing** road 혼란스럽게 하는 도로
an **excited** player 흥분한 선수	a **confused** driver 혼란스러워진 운전자
an **interesting** question 흥미를 일으키는 질문	a **disappointing** behavior 실망시키는 태도
an **interested** teacher 흥미 있어 하는 선생님	**disappointed** parents 실망하신 부모님
a **satisfying** service 만족하게 하는 서비스	**frightening** thunder 무섭게 하는 천둥
a **satisfied** customer 만족한 고객	a **frightened** baby 무서워하는 아기
surprising news 놀라게 하는 소식	a **shocking** bus accident 충격적인 버스 사고
surprised people 놀란 사람들	**shocked** passengers 충격을 받은 승객들
a **pleasing** toy 즐겁게 하는 장난감	an **annoying** alarm 짜증 나게 하는 알람
a **pleased** puppy 즐거운 강아지	an **annoyed** student 짜증 난 학생

Mike's story about the trip is **amazing**. 마이크의 여행에 관한 이야기는 놀랍다.

I was **amazed** at Mike's story about the trip. 나는 마이크의 여행에 관한 이야기에 놀랐다.

The service at this hotel is **satisfying**. 이 호텔의 서비스는 만족스럽다.

I am **satisfied** with the service at this hotel. 나는 이 호텔의 서비스에 만족한다.

CHECK UP 다음 중 어법상 적절한 것을 고르시오.

1 Maya's performance was amazing / amazed .

2 He stood confusing / confused at my question.

unsolved 풀리지[해결되지] 않은 ***solve** 해결하다　　**performance** 공연; 연기; 실적

Practice

A 주어진 우리말과 일치하도록 괄호 안의 단어를 문맥에 알맞은 형태로 써넣으시오.

01 마라톤에서의 그의 기록은 놀라웠다. (surprise)
→ His record in the marathon was ＿＿＿＿＿＿.

02 비행기 안의 승객들은 지연 때문에 짜증이 났다. (annoy)
→ Passengers in the plane were ＿＿＿＿＿＿ because of a delay.

03 그 전자레인지의 설명서는 혼란스럽다. (confuse)
→ The instructions for the microwave are ＿＿＿＿＿＿.

04 엘렌의 부모님께서는 그녀의 높은 점수에 만족하셨다. (satisfy)
→ Ellen's parents were ＿＿＿＿＿＿ with her high grades.

B 다음 중 어법상 바르지 <u>않은</u> 문장을 고르시오.

① Traveling with friends sounds very exciting.
② The cat came running across the street.
③ It's getting boring to eat sandwiches for lunch.
④ They looked surprised at her coming.
⑤ The children remain slept in the room.

C 밑줄 친 부분에 유의하여 다음 해석을 완성하시오.

01 I was <u>shocked</u> by Ben's rude behavior.
→ 나는 벤의 무례한 행동에 ＿＿＿＿＿＿＿＿＿.

02 I don't recommend the cafe. It is very <u>disappointing</u>.
→ 나는 그 카페를 추천하지 않는다. 그것은 정말로 ＿＿＿＿＿＿＿＿＿.

03 People were <u>frightened</u> by the fire accident.
→ 사람들은 그 화재 사고에 의해 ＿＿＿＿＿＿＿＿＿.

04 Some of the scenes in the movie were <u>boring</u>.
→ 그 영화의 몇몇 장면들은 ＿＿＿＿＿＿＿＿＿.

A **record** 기록, 성적   **delay** 지연; 미루다, 연기하다   **instruction** 지시; 훈련, 교육; (-s) 설명서   **C** **recommend** 추천하다   **scene** 장면

Unit 03 분사구문

분사(구)가 형용사처럼 명사를 수식하는 것과 달리, v-ing/p.p.로 시작하는 분사구문은 부사처럼 문장 전체를 수식한다. 「접속사+주어+동사」를 분사로 압축하여 부사절을 분사(구) 형태의 부사구로 만든 것으로 볼 수 있다.

1. 분사구문의 위치 및 형태

◆ 분사구문은 문장의 맨 앞이나 중간, 또는 문장 끝에 위치한다. 분사구문의 부정형은 분사 앞에 not 또는 never를 붙인다.

Opening the door, I smelled something strange. 문을 열었을 때, 나는 이상한 냄새를 맡았다.
(→ **When I opened** the door, I smelled something strange.)

***Not** having* enough money, she can't enjoy shopping. 충분한 돈이 없어서, 그녀는 쇼핑을 즐길 수 없다. (→ **Because she *doesn't* have** enough money, she can't enjoy shopping.)

◆ 분사구문을 이끄는 분사의 의미상 주어가 주절의 주어와 다르면 분사 앞에 밝혀야 한다.

***The picnic** being* canceled, we went home. 소풍이 취소되었기 때문에, 우리는 집으로 갔다.
(→ **Because *the picnic* was** canceled, we went home.)

◆ 수동태 분사구문 Being p.p.에서 Being은 보통 생략된다.

(*Being*) **Surprised** by the news, Emily could not say anything. 그 소식에 놀라서, 에밀리는 아무 말도 할 수 없었다. (→ **Because she was surprised** by the news, Emily could not say anything.)

TIP

부사절과 분사구문

부사절이란 부사 역할을 하는 절로, 시간·이유·조건 등을 나타내는 접속사로 시작된다. (☞ Ch ⑳ 부사절)

• 부사절을 분사구문으로 만드는 법
When I finished the homework, I called Matt.
내가 숙제를 끝마쳤을 때, 나는 맷에게 전화를 했다.
① 접속사를 없앤다.
→ ~~**When**~~ I finished the homework, I called Matt.
② 부사절과 주절의 주어가 같으면 부사절의 주어를 삭제하고, 같지 않으면 남겨둔다.
→ ~~**When I**~~ finished the homework, I called Matt.
③ 부사절이 능동태면 동사를 v-ing로, 수동태면 p.p.로 바꾼다.
→ **Finishing** the homework, I called Matt.

2. 분사구문의 의미

◆ 분사구문은 여러 가지 해석이 가능하므로 문맥을 통해 자연스러운 의미를 찾아야 한다. 주로 '~하면서(동시 동작)', '~하고 나서(연속 동작)' 또는 '~하는 동안, ~할 때(시간)', '~때문에(이유)'를 나타낸다.

Jenny introduced herself, **smiling** beautifully. 〈동시 동작〉
아름답게 미소 지으면서, 제니는 자신을 소개했다.

Finishing his work, Ken played computer games. 〈연속 동작〉
그의 일을 끝내고 나서, 켄은 컴퓨터 게임을 했다.

I fell asleep **watching** television. 〈시간〉 나는 텔레비전을 보는 동안 잠들었다.
(→ ~ **while** I was watching ~.)

Broken by my brother, my camera is no longer available. 〈이유〉
내 남동생에 의해 부서져서, 내 카메라는 더 이상 쓸 수 없다. (→ **Because** my camera was broken by ~)

TIP

「there+be동사」 부사절의 분사구문

부사절에 「there+be동사」가 있으면 분사구문으로 전환 시 분사 앞에 there를 쓴다.

Because there was heavy rain yesterday, we had to stay one more night.
→ **There being** heavy rain yesterday, we had to stay one more night.
어제 폭우가 내렸기 때문에, 우리는 하룻밤 더 머물러야 했다.

CHECKUP 다음 중 어법상 적절한 것을 고르시오.

1 | Looked out / Looking out | through the window, I saw a strange man.

2 | Knowing / Not knowing | French, I couldn't read the book.

3 | Tiring / Tired | from the work, he went to bed early.

cancel 취소하다   **available** 이용 가능한

Practice

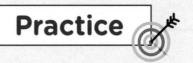

Ⓐ 다음 각 문장의 밑줄 친 분사구문에서 <u>어색한</u> 부분을 찾아 바르게 고쳐 쓰시오.

01 Sally just stood there <u>leaned against the wall</u>.

02 <u>Being not watchful</u>, the driver failed to stop in time.

03 <u>Have nothing to do</u>, the children were bored.

04 <u>I thinking they might be hungry</u>, I offered them something to eat.

05 <u>Surprising at the news</u>, I couldn't move for a few seconds.

Ⓑ 다음 밑줄 친 부분의 해석으로 적절한 것을 고르시오.

01 <u>Disappointed with his lies</u>, I didn't want to talk with Jim.

ⓐ 그의 거짓말에 실망하고도   ⓑ 그의 거짓말에 실망해서

02 <u>Not being able to read</u>, the child asked his mother to tell the story.

ⓐ 읽을 수 없었기 때문에   ⓑ 읽을 수 있었기 때문에

03 <u>Looking up to the sky</u>, the poet was walking.

ⓐ 하늘을 올려다보자   ⓑ 하늘을 올려다보며

04 <u>The mirror being broken</u>, I was scolded by my mom.

ⓐ 거울이 깨졌지만   ⓑ 거울이 깨졌기 때문에

Ⓒ 다음 문장의 밑줄 친 부사절을 분사구문으로 고쳐 쓰시오.

01 <u>While I was painting the wall</u>, I slipped off the chair.

➜ _____, I slipped off the chair.

02 Jun went out to meet his friends <u>after he cleaned his room</u>.

➜ _____, Jun went out to meet his friends.

03 <u>Because I was caught in heavy traffic</u>, I couldn't enjoy the school festival.

➜ _____, I couldn't enjoy the school festival.

04 <u>Because he didn't want to hurt her feelings</u>, he didn't tell her the bad news.

➜ _____, he didn't tell her the bad news.

A **lean against** ~에 기대다   **watchful** 조심스러운   **in time** 제시간에   **B** **poet** 시인 *poem 시   **scold** 야단치다, 꾸짖다
C **slip off** ~에서 미끄러져 떨어지다   **hurt(-hurt-hurt)** 상처를 주다; 상하게 하다

A 다음 중 밑줄 친 부분이 어법상 올바르면 ○표, 어색하면 ×표하고 바르게 고치시오.

01 The photos <u>hanging</u> on the wall were taken by my father.

02 The ball <u>throwing</u> by Kelly hit me.

03 My friend told <u>shocked</u> news to me.

04 <u>Not feeling</u> well, I stayed in bed.

05 <u>Received</u> the gift, she became shy.

B 다음 밑줄 친 부분의 문법적 성격이 나머지와 <u>다른</u> 하나를 고르시오.

01 ① <u>Changing</u> at once is hard.

② The man <u>sitting</u> next to me on the plane was kind.

③ There are a lot of birds <u>flying</u> in the sky.

④ I saw a magic show yesterday. It was <u>amazing</u>.

⑤ The <u>pleasing</u> conversation with Judy made me happy.

02 ① All the guests <u>invited</u> to the party were girls.

② Clothes <u>bought</u> in the sale cannot be exchanged.

③ Most of those <u>interviewed</u> were young women.

④ We <u>visited</u> the pyramids built by ancient Egyptians.

⑤ The baby <u>left</u> alone in the room began to cry.

A **hang** 걸다; 걸리다   **receive** 받다   **B** **at once** 즉시; 동시에   **exchange** 교환하다   **ancient** 고대의   **Egyptian** 이집트의; 이집트 사람

C 다음 중 빈칸에 알맞은 것을 고르시오.

01 Fred bought _____ meats at the supermarket.
① cut   ② cuts   ③ to cut   ④ cutting   ⑤ have cut

02 _____ little money, he couldn't enter the restaurant to have a meal.
① To have   ② He had   ③ Being had   ④ Having   ⑤ Had

03 It is the tallest _____ tree in the world.
① live   ② to live   ③ living   ④ lived   ⑤ being lived

04 _____ the courage, I couldn't talk to her.
① Have   ② Having   ③ Not have   ④ Not to have   ⑤ Not having

05 Jenny sent me a letter _____ in English.
① writes   ② write   ③ written   ④ writing   ⑤ to written

06 His answer about my question was a _____ one.
① satisfies   ② satisfy   ③ satisfied   ④ satisfying   ⑤ to satisfy

07 _____ by Kate, I went to her farewell party.
① Invite   ② Not inviting   ③ Inviting   ④ Not invited   ⑤ Invited

C **courage** 용기   **farewell** 작별 (인사)

D 다음 중 각 문장의 빈칸에 들어갈 말이 순서대로 바르게 짝지어진 것을 고르시오.

01

> •The fitness center remained _____ for three months.
>
> • _____ by my parents, I learned how to ride a bike.

① locked — Helping   ② locked — Helped

③ locking — Helped   ④ locking — Helping

⑤ lock — Helping

02

> •The way to the hospital is very _____.
>
> •She is _____ in cooking.

① confused — interesting   ② confused — interested

③ confuse — interested   ④ confusing — interested

⑤ confusing — interesting

E 다음 중 어법상 바르지 <u>않은</u> 문장을 고르시오.

01 ⓐ Success in one's work is a satisfied experience.

ⓑ The paintings stolen from the museum haven't been found yet.

ⓒ Being busy, Jessica had to work until almost midnight.

02 ⓐ I respect people doing volunteer work.

ⓑ I will have the frying potatoes, please.

ⓒ Directed by Mr. Kim, the movie became really popular.

03 ⓐ She helped an injured child in the park.

ⓑ A free shuttle bus is provided to all guests stayed in our guesthouse.

ⓒ My friend gave me a box filled with letters.

D **fitness center** 피트니스 센터, 헬스클럽 ***fitness** 신체 단련; 건강   **E** **respect** 존경하다, 존중하다   **direct** 감독[연출]하다; 지도[지휘]하다
injure 부상을 입게 하다, 다치게 하다

F 다음 밑줄 친 부분에 유의하여 다음 해석을 완성하시오.

01 I did <u>a lot of interesting activities</u> during my vacation in Greece.

→ 나는 그리스에서의 휴가에서 _____ 했다.

02 <u>The weather being so bad,</u> we stopped playing outside.

→ _____, 우리는 밖에서 노는 것을 멈췄다.

03 <u>Winning</u> the final match, our team was very <u>excited</u>.

→ 결승전에서 _____, 우리 팀은 매우 _____.

04 Students <u>were surprised</u> at the sudden test.

→ 학생들은 그 갑작스러운 시험에 _____.

05 Customers complained about the <u>annoying sound.</u>

→ 손님들은 그 _____에 대해 불평했다.

👍 서술형 대비

G 주어진 우리말과 일치하도록 괄호 안의 단어들을 이용하여 문장을 완성하시오.

01 어젯밤 폭풍에 부서진 문은 지금 수리되었다. (break, the door)

→ _____ in the storm last night has now been repaired.

02 무대에서 춤을 추고 있는 저 남자는 나의 오빠다. (on, the man, the stage, dance)

→ _____ is my brother.

03 미국에서 양육되었기 때문에, 그는 영어를 유창하게 말할 수 있다. (in, the U.S., bring up)

→ _____, he can speak English fluently.

04 그녀로부터 대답을 듣지 못해서, 나는 그 여행을 취소하지 못했다. (an answer, hear, from)

→ _____, I couldn't cancel the tour.

F **final match** 결승전　**sudden** 갑작스러운　**complain about** ~에 대해 불평하다　**G** **bring up** ~을 양육하다　**fluently** (언어를) 유창하게

Unit 01 명사를 수식하는 분사

현재분사: 능동

He warmed his hands in front of the burning fire.

명사를 앞에서 수식

과거분사: 수동

Sam bought the latest magazine published last week.

명사를 뒤에서 수식
(목적어, 보어, 부사(구) 등을 동반할 때)

Unit 02 분사의 보어 역할 및 감정 표현

His story sounds very interesting.
주격보어 역할의 현재분사

The mystery remains unsolved after over 50 years.
주격보어 역할의 과거분사

When I walked into my room, I found Jack using my computer.
목적격보어 역할의 현재분사

Jane kept the windows closed during the weekend.
목적격보어 역할의 과거분사

Mike's story about the trip is amazing.
능동의 현재분사 (~한 감정을 느끼게 하는)

I was amazed at Mike's story about the trip.
수동의 과거분사 (~한 감정을 느끼는)

Unit 03 분사구문

Opening the door, I smelled something strange. 〈시간〉
(→ When I opened the door)

Jenny introduced herself, smiling beautifully. 〈동시 동작〉

Finishing his work, Ken played computer games. 〈연속 동작〉

Broken by my brother, my camera is no longer available. 〈이유〉

Chapter ⑰
준동사 심화

Unit 01 준동사의 동사적 성질

준동사란 '동사에 준하는 말'이라는 의미로 부정사, 동명사, 분사를 통틀어 칭하는 말이다. 동사가 아닌 명사, 형용사, 부사의 역할을 하지만 동사에서 나온 것이므로 동사의 성질을 유지한다.

1. 목적어나 보어를 취한다.

I'm looking forward to *seeing* **you** again. 나는 너를 다시 만나기를 고대하고 있어.
　　　　　　　　　　동명사　동명사의 목적어

My dream is *to become* **a famous designer**. 내 꿈은 유명한 디자이너가 되는 것이다.
　　　　　to부정사　　　to부정사의 보어

2. 부사(구)의 수식을 받을 수 있다.

I like *working* **in my garden**. 나는 내 정원에서 일하는 것을 좋아한다.

3. 동작이나 상태를 행하는 의미상 주어를 가질 수 있다.

Do you mind **my** *entering* your room? 내가 너의 방에 들어가도 될까?
　　　　　　의미상 주어

4. 시제에 따라 형태가 변한다.

◆ 준동사가 문장의 동사보다 앞선 일인 경우, 동명사와 분사는 「having+p.p.」로, to부정사는 「to have+p.p.」 형태로 쓴다.

I *regret* **not** *having finished* my homework. 나는 숙제를 끝내지 않은 것을 후회한다.
I'*m* sorry **to have kept** you waiting. 너를 기다리게 해서 유감이다.

5. 태 변화를 한다.

◆ 준동사의 의미상 주어와 준동사의 관계가 수동일 경우, 동명사와 분사는 「being+p.p.」로, to부정사는 「to be+p.p.」 형태로 쓴다.

The ice cream needs **to be kept** cold. 아이스크림은 차갑게 보관되어야 한다.
(Being) Seen from the sky, *the island* looks wonderful. 하늘에서 보면, 그 섬은 멋져 보인다.

> ◎ 수능 첫단추
>
> 하나의 절에는 하나의 동사만 있어야 하므로 문장의 동사인지 준동사인지 판단한다.
>
> (➔ Ch ⑱ Point 01 문장의 동사 vs. 준동사)

CHECK UP 다음 각 문장에서 굵게 표시된 준동사의 목적어, 보어, 수식어를 찾아 밑줄을 긋고 각각 O, C, M으로 표시하시오.

1 The best way **to solve** a conflict is conversation.

2 Most people enjoy **traveling** to foreign countries.

3 In the classroom, I want you **to be** quiet.

conflict 갈등

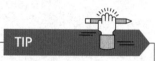

보이는 문법

준동사
부정사 동명사 분사

TIP

to부정사의 의미상 주어

• to부정사의 의미상 주어가 문장의 주어와 일치하지 않을 때는 부정사 앞에 「for+목적격」으로 표시한다.
His speech was too fast **for me to follow**.
그의 연설은 내가 이해하기에 너무 빨랐다.

• 성격을 나타내는 nice, kind 등과 같은 형용사가 보어로 쓰이면 「of+목적격」으로 표시한다.
It is foolish **of her to go** out without a coat in such cold weather.
그녀가 그렇게 추운 날씨에 코트 없이 외출하는 것은 어리석다.

TIP

동명사의 의미상 주어

동명사의 의미상 주어가 문장의 주어와 일치하지 않을 때는 동명사 바로 앞에 소유격으로 나타낸다.
(단 동명사가 타동사이거나 전치사의 목적어일 때는 목적격으로 나타낼 수도 있다.)

We greatly appreciate **your[you] taking** the time to help us.
우리는 당신이 우리를 돕기 위해 시간을 내 준 것을 아주 감사히 여긴다.

Practice
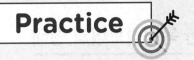

Ⓐ 다음 각 밑줄 친 부분이 나타내는 준동사의 특징을 〈보기〉에서 골라 기호를 쓰시오.

> **보기** ⓐ 목적어나 보어를 취할 수 있다.
>
> ⓑ 부사(구)의 수식을 받을 수 있다.
>
> ⓒ 의미상의 주어를 갖는다.
>
> ⓓ 시제에 따라 형태가 변화한다.
>
> ⓔ 태 변화를 한다.

01 Their baby began to cry <u>at the noise</u>.

02 To quit <u>smoking</u> was difficult for my dad.

03 I'm sorry for <u>not having answered</u> your call yesterday.

04 She doesn't mind <u>his</u> not attending the meeting.

05 I hate <u>to be tricked</u> by my brother.

Ⓑ 다음 중 어법상 적절한 것을 고르시오.

01 I am sure of she / her winning the match.

02 The road is too rough to / for me to drive safely.

03 He is proud of passing / having passed the exam last year.

04 She seems to be / have been rich when she was young.

05 It was a mistake for / of her to take his advice.

Ⓒ 다음 중 밑줄 친 부분이 올바르면 ○표, 어색하면 ×표하고 바르게 고치시오.

01 My father decided to keep <u>learn</u> Chinese.

02 I didn't expect <u>to invite</u> to her party.

03 My parents don't like <u>my</u> eating too fast all the time.

04 I want my baby to be <u>health</u>.

A trick 속이다; 속임수 **B rough** 거친

Unit 02 다양한 목적격보어의 형태

1. 목적격보어로 쓰이는 to부정사

◆ want, tell, ask 등의 동사는 목적어를 보충 설명하는 목적격보어로 to부정사를 쓴다.

Mom **wants** me **to clean up** my room by myself. 엄마는 내가 방을 스스로 청소하기를 원하신다.
<u>동사</u> <u>목적어</u>   <u>목적격보어</u>

advise me **to lose** weight	**allow** me **to get** a vacation
나에게 체중을 줄일 것을 충고하다	내가 휴가를 얻는 것을 허락하다
expect me **to pass** the exam	**order** them **to follow** the rules
내가 시험에 합격하기를 기대하다	그들에게 규칙을 따르기를 명령하다
require them **to be** on time	**encourage** me **not to give up**
그들에게 시간을 지킬 것을 요구하다	내가 포기하지 않기를 격려하다

2. 목적격보어로 쓰이는 원형부정사

◆ make, have, let 등의 사역동사(~가 …하게 하다)는 목적격보어로 to가 생략된 원형부정사를 쓴다.

Dad **let** me **buy** a new cell phone. 아빠는 내가 새 휴대폰을 사게 하셨다.
The teacher **made** students **make** groups of four people.
선생님은 학생들에게 4명씩 그룹을 짓게 하셨다.

◆ 지각동사 see, watch, look at, hear, listen to, feel, smell 등도 목적격보어로 원형부정사를 쓴다.

She **heard** somebody **slam** the door. 그녀는 누군가가 문을 쾅 닫는 소리를 들었다.

cf. 지각동사는 진행의 의미가 강조될 때 현재분사(v-ing)를 목적격보어로 취할 수도 있다.
I **saw** Sara **cry[crying]** in her room. 나는 사라가 그녀의 방에서 우는[울고 있는] 것을 보았다.

◆ help는 to부정사와 원형부정사 둘 다를 목적격보어로 취할 수 있다.
Alex **helped** me **(to) finish** the work. 알렉스는 내가 그 일을 끝내는 것을 도와주었다.

3. 목적격보어로 쓰이는 분사

◆ 목적어와 목적격보어의 관계가 수동일 때 목적격보어 자리에 과거분사(p.p.)를 쓴다.

I heard *my name* **called** outside the house. 나는 집 밖에서 내 이름이 불리는 것을 들었다.

CHECK UP 다음 중 어법상 적절한 것을 고르시오.

1 Mom asked me | go / to go | to the department store with her.

2 Janet felt something | touch / to touch | her on the shoulder.

3 Kate had the waiter | bring / to bring | her some tea.

4 We want this problem | to solve / solved | quickly.

slam 쾅 닫다, 세게 놓다

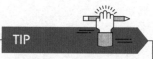

TIP

목적격보어가 to부정사/원형부정사인 문장의 수동태

• 목적격보어가 to부정사이면 수동태에서도 to부정사 형태를 유지한다.
We don't **allow** you **to take** photos here.
→ You're **not allowed to take** photos here. 당신은 여기서 사진을 찍어서는 안 된다.

• 목적격보어가 원형부정사인 경우에는 수동태에서 to부정사로 바뀐다.
The doctor *made* the patient **stay** in bed.
→ The patient *was made* **to stay** in bed by the doctor.
그 환자는 의사에 의해 침대에 있게 되었다.

• 지각동사의 수동태에서는 to부정사보다 동명사의 사용이 더 자연스럽다.
Somebody *saw* Nancy **go** into the theater.
→ Nancy *was seen* **going[to go]** into the theater.
낸시가 극장에 들어가는 것이 목격되었다.

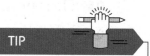

TIP

have+목적어+p.p.

• (사람·사물이) ~되게 하다
She **had** *her hair* **dyed**.
그녀는 머리를 염색했다.

• (사물을) ~당하다
He **had** *his watch* **stolen**.
그는 그의 시계를 도난당했다.

Practice

Ⓐ 괄호 안의 동사를 문맥에 알맞은 형태로 써넣으시오.

01 I don't want anyone _____ about my problems. (know)

02 I won't let this chance _____ by. (go)

03 He had his eyes _____ and _____ with glasses. (test, fit)

04 He listened to his grandma _____ about the good old days. (talk)

05 I'm in trouble. What do you advise me _____? (do)

Ⓑ 다음 각 문장에서 <u>어색한</u> 부분을 찾아 바르게 고쳐 쓰시오.

01 The movie was very sad. It made me to cry.

02 Did you see the monkey to hang on the tree?

03 He kicked the door of the room shutting.

04 I had my luggage to search at customs.

05 John helped me fixing my bike.

06 David told Ann not wait for him.

Ⓒ 주어진 우리말과 일치하도록 괄호 안의 단어들을 이용하여 문장을 완성하시오.

01 어머니는 내게 뒷문을 잠그라고 말씀하셨다. (lock)

 ➔ My mother told _____ the back door.

02 우리는 두 남자가 정원을 가로질러 달려가는 것을 보았다. (run)

 ➔ We watched _____ across the garden.

03 버스 기사는 승객들에게 그들의 안전벨트를 매달라고 요청했다. (fasten, seat belts)

 ➔ The bus driver asked passengers _____.

04 우리는 새 TV 하나를 집에 설치했다. (install, TV)

 ➔ We had _____ in the house.

B luggage (여행용) 짐   customs 세관   **C** fasten 매다; 매이다   passenger 승객   install 설치하다

Ⓐ 다음 중 빈칸에 알맞은 것을 고르시오.

01 The doctor told him _____ snacks for his health.

① give up   ② gave up   ③ to give up

④ giving up   ⑤ given up

02 The teacher had us _____ our eyes.

① close   ② closes   ③ to close

④ closed   ⑤ closer

03 I heard him _____ with someone on the phone.

① talking   ② to talk   ③ talked

④ be talked   ⑤ talks

Ⓑ 다음 중 빈칸에 적절하지 <u>않은</u> 것을 <u>모두</u> 고르시오.

01

My mother _____ me clean the whole house.

① had   ② got   ③ asked   ④ made   ⑤ let

02

The company _____ employees to have a lot of experience.

① asks   ② expects   ③ requires   ④ has   ⑤ makes

B employee 고용된 사람, 종업원

C 다음 중 각 문장의 빈칸에 들어갈 말이 순서대로 바르게 짝지어진 것을 고르시오.

> • The company made users _____ their antivirus software.
>
> • We had our photo _____ by a passer-by.
>
> • My mom doesn't allow me _____ TV late at night.

① update — to take — to watch

② update — to take — watch

③ update — taken — to watch

④ to update — taken — to watch

⑤ to update — to take — watch

D 다음 중 어법상 바르지 <u>않은</u> 문장을 고르시오.

01 ① Daniel appeared to have hurt himself.

② We need to study effectively.

③ Some part of the fence needs to be painted again.

④ I saw Jack sweep the snow on the street.

⑤ This book helps students learning grammar easily.

02 ① My sister got me to take care of the baby.

② Emily's new house made her disappointing.

③ I don't want you to call me again.

④ Being held by his mother, the baby fell asleep.

⑤ The nurse told the patient not to move.

C antivirus 바이러스 퇴치용인 **passer-by** 행인 **D** effectively 효과적으로 **fence** 울타리 **sweep** 쓸다, 청소하다

○

E 다음 각 문장에서 <u>어색한</u> 부분을 찾아 바르게 고쳐 쓰시오.

01 I want my brother do the dishes.

02 She kept her cabinet lock.

03 A doctor told me get an injection.

04 Seafood needs to keep in the freezer.

05 I'm looking forward to his give a present to me.

F 다음 중 어법상 바른 문장들끼리 짝지어진 것을 고르시오.

> ⓐ We kept the door closing all day.
>
> ⓑ I want my parents to spend more time with me.
>
> ⓒ I helped my sister packed for her trip.
>
> ⓓ We saw the police chase the thief.
>
> ⓔ Seeing my baby smile always makes me happy.

① ⓐ, ⓑ   ② ⓑ, ⓓ   ③ ⓑ, ⓒ, ⓓ

④ ⓑ, ⓓ, ⓔ   ⑤ ⓒ, ⓓ, ⓔ

G 다음 중 밑줄 친 부분이 어법상 바르지 <u>않은</u> 것을 고르시오.

① He should be ashamed of <u>having cheated</u> on the exam.

② It's impossible <u>of me</u> to sing well like her.

③ I want to be <u>the most popular writer</u> in the world.

④ I don't like <u>being kept</u> waiting in line.

⑤ My mom expects me to do <u>well</u> on the exam.

E injection 주사; 주입   **F** chase 뒤쫓다; 추적하다   **G** be ashamed of ~을 부끄러워하다   cheat 속이다, 부정행위를 하다

H 괄호 안의 동사를 문맥에 알맞은 형태로 써넣으시오.

01 This music makes me _____ comfortable. (feel)

02 I heard someone _____ to my room. (walk)

03 I saw him _____ by many children. (surround)

04 My mother encouraged me _____ it again. (try)

05 You should have your teeth _____ regularly. (examine)

👍 서술형 대비

I 주어진 우리말과 일치하도록 괄호 안의 단어들을 이용하여 문장을 완성하시오.

01 비흡연자들은 간접흡연에 노출되는 것을 원하지 않는다. (want, expose)

→ Non-smokers don't _____ to second-hand smoke.

02 우리는 상점 주인에게 반지에 우리 이름의 이니셜을 새겨 달라고 요청했다.

(put, ask, the shop owner)

→ We _____ our initials on the rings.

03 선생님께서는 우리에게 그 책을 소리 내어 읽게 시키셨다. (read, have, us)

→ The teacher _____ the book aloud.

04 나는 누군가가 문을 두드리는 소리를 들었다. (hear, knock, someone)

→ I _____ on the door.

H surround 둘러싸다, 에워싸다 **I** expose 드러내다, 노출시키다   **non-smoker** 비흡연자   **second-hand** 간접적인   **aloud** 소리 내어; 큰소리로

Unit 01 | 준동사의 동사적 성질

I'm looking forward to seeing you again.
　　　　　　　　　　　목적어나 보어를 취할 수 있다.

I like working in my garden.
　　　　　　　　　　　　부사(구)의 수식을 받을 수 있다.

Do you mind my entering your room?
　　　　　　의미상 주어를 가진다.

I'm sorry to have kept you waiting.
　　　　　시제에 따라 형태가 변한다.

The ice cream needs to be kept cold.
　　　　　　　　　　태 변화를 한다.

Unit 02 | 다양한 목적격보어의 형태

Mom wants me to clean up my room by myself.
to부정사를 목적격보어로 쓰는 동사: want, tell, ask, advise, allow, expect, order 등

The teacher made students make groups of four people.
　　　　사역동사(make, have, let 등)는 원형부정사를 목적격보어로 취한다.

She heard somebody slam the door.
지각동사(see, watch, look at, hear, listen to 등)는 원형부정사 또는 현재분사를 목적격보어로 취한다.

I heard my name called outside the house.
　　　　　　과거분사: 목적어-목적격보어의 관계가 수동일 때

Chapter ⑱
수능 빈출 어법 4

준동사는 부정사, 동명사, 분사를 가리키며
이들은 명사, 형용사, 부사의 역할을 하지만
동사의 성격을 지닌다. 수능 어법 문제에서는
준동사에 관해 묻는 유형이 자주 출제된다.
문장의 동사와 준동사의 구별, 준동사별 의미
변화, 수식어 역할을 하는 준동사 등을 활용한
어법 포인트를 학습해 보자.

Point 01 | 문장의 동사 vs. 준동사

하나의 절에는 하나의 동사만 있어야 하므로 문장의 동사가 이미 있다면 다른 동사는 준동사 형태여야 한다.

> Invest / *Investing regularly in learning opportunities **is** one of the greatest gifts for yourself. 〈기출 응용〉　　　　　　　　　　　　　　　　　　　　　　　문장의 동사
> 학습의 기회에 정기적으로 투자하는 것은 당신 자신을 위한 가장 큰 선물들 중 하나이다.

◆ 일반적으로 문장에는 동사가 있어야 하므로 절에 동사가 없으면 출제 포인트가 문장의 동사이다. 반면에 동사가 두 개 이상 있다면 본동사를 제외한 나머지는 준동사 형태가 적절하다.

Try(**Trying** ×) **to forget** about any fear of water during swimming lessons.
수영 강습 동안 물에 대한 어떤 두려움도 잊으려고 노력해라.

Meditating(**Meditate** ×) every morning **will help** you relieve your stress.
매일 아침 명상을 하는 것은 당신이 당신의 스트레스를 완화하는 것을 도와줄 것이다.

The girl **injured** in the traffic accident **was taken** to the hospital.
교통사고로 다친 소녀는 병원으로 보내졌다.

Point 02 | to부정사/동명사 목적어의 의미가 다른 동사

동사에 따라 to부정사/동명사 목적어의 의미가 다르므로 문맥상 적절한 형태를 고른다.

> To clean your teeth, you should brush for at least 2 minutes at least twice a day.
> **Remember** brushing / *to brush your tongue, too. 〈기출 응용〉
> 당신의 치아를 깨끗이 하기 위해서, 당신은 하루에 적어도 두 번, 적어도 2분 동안 닦아야 한다. 당신의 혀를 닦는 것도 잊지 마라.

I don't **remember** *asking* you to close the window. 나는 네게 창문을 닫아 달라고 **부탁한 것을 기억** 못한다.
I **forgot** *putting* my wallet on the table. 나는 테이블 위에 내 지갑을 **두었던 것을 잊어버렸다**.
I was really busy today, so I **forgot to have** lunch. 나는 오늘 너무 바빠서, 점심 **먹는 것을 잊어버렸다**.
I will **try** hard **to be** a better student. 나는 더 나은 학생이 **되기 위해 열심히 노력할** 것이다.
You can **try** *persuading* her to forgive Jack. 너는 잭을 용서하라고 그녀를 **설득해 볼 수는** 있다.
I **regret to say** that I couldn't find your watch here. 나는 여기서 네 시계를 찾을 수 없었다고 **말해야 해서 유감이다**.
I **regret** *blaming* her so much yesterday. 나는 어제 그녀를 그렇게 많이 **비난한 것을 후회한다**.

◆ stop은 동명사를 목적어로 쓰는 동사로 「stop+v-ing」는 '~하는 것을 멈추다'의 뜻이다. 그러나 to부정사가 뒤에 오면 '목적'을 나타내어 '~하기 위해 멈추다'의 의미가 된다.

I **stopped** *keeping* a diary when I was eleven. 나는 내가 11살이었을 때 일기 쓰는 것을 멈추었다.
Walking through the woods, I **stopped to smell** a flower. 숲을 걷다가, 나는 꽃 냄새를 맡으려고 멈췄다.

---

invest 투자하다　**opportunity** 기회　**meditate** 명상하다　**relieve** (고통 등을) 완화하다, 경감시키다

✔ Check Up! 다음 중 어법상 적절한 것을 고르시오.

01 Open / Opening your heart during counseling is really important.

02 I couldn't find the book was written / written by my favorite author at the library.

03 Watch / Watching your language is a form of politeness.

04 One of the most popular games turned / turning out to be 'Tetris.'

05 The boy stood / standing in front of the door was my little brother.

점: 주어 + 동사 + 동사 → 준동사(to부정사/동명사/분사)
(동사 → 문장의 동사)

Look

✔ Check Up! 다음 중 어법상 적절한 것을 고르시오.

01 Every time she meets her best friend, she remembers traveling / to travel to East Europe with her last year.

02 I forgot washing / to wash the dishes. I'll do it now.

03 I regret informing / to inform you that our shop will be closed next month.

04 Just try asking / to ask your teacher right now. She'll be happy to answer you.

05 Would you please stop bothering / to bother your brother?

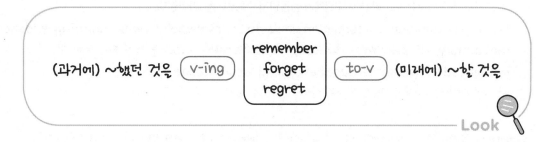

(과거에) ~했던 것을 v-ing | remember forget regret | to-v (미래에) ~할 것을

Look

counseling 상담, 조언   **author** 작가   **watch** 보다; 조심하다   **politeness** 공손함, 정중함 *polite 예의 바른, 공손한   **turn out to-v** ~인 것으로 밝혀지다

Point 03 | to부정사구/분사구의 수식을 받는 주어의 수일치

to부정사구, 분사구가 수식하는 진짜 주어를 파악해 동사의 수를 판단한다.

> **The best way** *to store fresh carrots* ***is / are** to refrigerate them in the vegetable drawer.
> 신선한 당근들을 저장하는 가장 좋은 방법은 그것들을 채소 칸에 냉장 보관하는 것이다.　　　〈기출 응용〉
>
> **Children** *dealing with hunger pain* **has / *have** trouble paying attention in school.
> 굶주림의 고통을 겪는 아이들은 학교에서 집중하는 데 어려움을 겪는다.　　　〈기출 응용〉

◆ 동사 바로 앞에 위치하는 수식어구를 주어로 혼동하지 않도록 한다.

His goal [to be a scientist] **makes** him study hard. 과학자가 되려는 그의 목표는 그를 열심히 공부하게 만든다.

Mothers [working full-time] **are** rapidly increasing because of the rising cost of living.
증가하는 생활비 때문에 풀타임으로 일하는 어머니들이 급격히 늘어나고 있다.

The various surveys [conducted by the fashion magazine] **ask** 1,000 readers about their
preferences in many areas. 그 패션 잡지에 의해 실시되는 그 다양한 설문조사들은 1,000명의 독자들에게 많은 분야들에서의
그들의 선호에 관해 묻는다.

Point 04 | 능동 v-ing vs. 수동 p.p.

분사와 수식 받는 명사의 관계가 능동인지 수동인지를 파악한다.

> When I was young, my parents respected doctors. They thought that doctors were
> *special people* possessing godlike qualities. 〈기출 응용〉
> 내가 어렸을 때, 나의 부모님은 의사들을 존경하셨다. 그분들은 의사들이 신과 같은 특성들을 소유하고 있는 특별한 사람들이라고 생각하셨다.
>
> *A piece of wood* tossed into water floats instead of sinking. 〈기출 응용〉
> 물에 던져진 나무토막 하나는 가라앉지 않고 뜬다.

◆ 분사와 분사가 수식하는 명사의 관계가 능동이면 현재분사(v-ing), 수동이면 과거분사(p.p.)를 쓴다. 감정을
표현하는 분사도 명사가 감정을 유발하면 현재분사(v-ing), 느끼면 과거분사(p.p.)를 쓴다.

Andy saw *a strange man* **running** down the street. 앤디는 수상한 남자가 거리를 달려가는 것을 보았다.

One of the readers **inspired** by the book wrote a poem. 그 책에 영감 받은 독자들 중 한 명은 시를 썼다.

I found that *the lyrics of his songs* are **touching**. 나는 그의 노래 가사들이 감동적이라는 것을 알았다.

I was **touched** by the lyrics of his songs. 나는 그의 노래 가사들에 의해 감동을 받았다.

◆ 분사구문은 의미상 주어와 분사의 관계가 능동인지 수동인지를 파악한다.

People pay attention to information similar to their viewpoints, while **ignoring** evidence to
the contrary. 〈기출 응용〉 사람들은 그들의 관점과 비슷한 정보에는 주목하지만, 반면에 반대되는 증거는 무시한다.

Influenced by her mother, *Jane* has become a considerate person.
그녀의 어머니에게 영향을 받아, 제인은 사려 깊은 사람이 되었다.

---

refrigerate 냉장[냉동]하다 　 **deal with** ~을 다루다[처리하다] 　 **hunger** 굶주림 　 **pain** 아픔, 고통 　 **cost** 비용(이 들다)
preference 선호, 애호 　 **possess** 소유하다; 지니다 　 **godlike** 신과 같은, 신성한 　 **quality** 특성, 품질 　 **toss** 던지다
inspire 영감을 주다; 격려하다 　 **lyric** 가사 　 **viewpoint** 견해, 관점 　 **evidence** 증거 　 **influence** 영향을 미치다; 영향
considerate 사려 깊은

☑ Check Up!

다음 중 어법상 적절한 것을 고르시오.

01 People suffering from a food allergy [needs / need] diet management.

02 The desk covered with books and files [is / are] mine.

03 His decision to continue helping poor people [shows / show] his great love for human beings.

04 The book published last month [provides / provide] helpful information about cooking.

05 Children swimming in the pool [is / are] wearing life vests.

주어 [to부정사구/분사구] 동사
수일치
— Look

☑ Check Up!

다음 중 어법상 적절한 것을 고르시오.

01 All children [educated / educating] about the safety rules followed the rules very well.

02 One of my friends [worked / working] as a lawyer is a very honest person.

03 Which one is the newly [released / releasing] computer?

04 She recommended a very [bored / boring] movie to me.

05 [Published / Publishing] in a number of languages, the novel became a best seller.

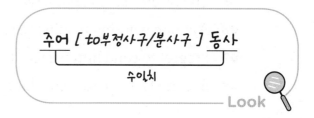

v-ing — 수식 받는 명사 (분사구문의) 의미상 주어 등 — p.p.
능동/감정 유발   수동/감정을 느낌
— Look

life vest 구명조끼 **release** 출시하다

Chapter Exercises ①

(A) 다음 밑줄 친 부분을 어법과 문맥에 맞게 고쳐 쓰시오.

01 The restaurant selling huge hamburgers <u>are</u> one of my favorite restaurants.

02 <u>Trying</u> a few glasses of wine for tasting.

03 <u>Arrived</u> late at home, I was scolded by my mother.

04 The fastest way to solve these problems <u>are</u> to ask him to help.

05 The photo <u>hangs</u> on the wall was taken in Africa.

06 Anyone wanting to join the school clubs <u>need</u> to pay a fee.

07 I regret <u>to send</u> him postcards because he never wrote me back.

08 Several tests to examine your mental condition <u>is</u> necessary for your health.

(B) 다음 밑줄 친 부분이 어법상 올바르면 ○표, 어색하면 ×표하고 바르게 고치시오.

01 She remembered <u>seeing</u> her friend at the museum last month.

02 Nancy has a very <u>interested</u> character.

03 Her job taking care of children <u>is</u> quite stressful.

04 I found the key <u>losing</u> at the restaurant yesterday.

05 The man <u>crossed</u> the street ignored the traffic light.

06 <u>Taking</u> regular breaks will give you more energy.

07 The most difficult thing for me to do during classes <u>are</u> answering the teacher's questions.

08 I won't forget <u>to wash</u> this bottle before I use it.

A scold 꾸짖다

C 다음 중 어법상 바르지 <u>않은</u> 문장을 <u>모두</u> 고르시오.

01 ① Choosing as a leader, Jack felt a big responsibility.

② I noticed the man looking for something in the trash can.

③ She forgot bringing her umbrella, so she got wet in the rain.

④ Many people using smartphones are addicted to them.

⑤ His refusal to come to any of my presentations makes me sad.

02 ① The cookies baked by my sister was really delicious.

② The boy running in the playground with his friends look excited.

③ The fountain painted red is located in the middle of the park.

④ I regret saying bad words to him before.

⑤ My mother sometimes leaves home, forgetting to bring her phone.

D 괄호 안의 단어를 어법에 알맞은 형태로 써넣으시오.

01 The box _____ to me was huge and heavy. (deliver)

02 _____ about her mother, Jenny missed her so much. (think)

03 She often forgets _____ her dog in the morning, so the poor dog goes hungry sometimes. (feed)

04 On my way home, I stopped _____ a DVD to watch after dinner. (borrow)

05 She became _____ in social welfare after watching a documentary about the disabled. (interest)

C responsibility 책임, 의무 **be addicted to** ~에 중독되다 **refusal** 거절, 거부 *refuse 거절[거부]하다 **fountain** 분수 **D** feed 먹이를 주다
social welfare 사회 복지 **the disabled** 장애인

Chapter Exercises ②

01 **(A), (B), (C) 각 네모 안에서 어법에 맞는 표현으로 가장 적절한 것은?**

In the 1950s, programmers (A) working / worked with computers had much in common with artists, artisans, and craftsmen. There was room for creativity and independence. Management methods to control each programmer (B) was / were not yet fully developed. Computer-related jobs were much less limited. Skilled programmers, like all good craftsmen, had a special knowledge and understanding of their work. This, however, did not last long. By the mid-60s, management brought computer work in line with other industrial activities, and this essentially meant that they wanted programming (C) being / to be a strictly controlled process.

	(A)		(B)		(C)
①	working	—	was	—	being
②	worked	—	was	—	to be
③	working	—	were	—	to be
④	worked	—	were	—	being
⑤	working	—	was	—	to be

have A in common A를 공통점으로 갖고 있다
artisan 장인, 숙련공
craftsman (수)공예가
room 방; 공간; 여지
management 관리, 경영; 경영진
skilled 숙련된
in line with ~와 비슷한; ~와 긴밀히 연결된
industrial 산업의
essentially 본질적으로
strictly 엄격히
process 과정

02 **다음 글의 밑줄 친 부분 중, 어법상 틀린 것은?**

A carbon footprint is the annual amount of carbon dioxide ① <u>produced</u> by a country, organization, or person. Carbon dioxide may warm the planet enough to melt the polar ice, so ② <u>reducing</u> our carbon footprint is certainly important. Then, how can you decrease your carbon footprint? Just ③ <u>making</u> simple changes in your lifestyle. Try ④ <u>adjusting</u> your indoor temperature by two degrees. It can reduce your annual carbon footprint by about a ton. Indeed, one of the largest parts of your carbon footprint is heating and cooling your house. Maybe in the future we will all be green-minded enough to make our personal carbon footprints ⑤ <u>disappear</u>.

*carbon dioxide 이산화탄소

footprint 발자국
annual 연간의; 한 해의
polar 극의; 극지방의
certainly 확실히
decrease 줄이다, 감소시키다
adjust 조정하다
indoor 실내의
temperature 온도, 기온
degree (온도의) 도, 정도
green-minded 친환경적 마인드를 가진
personal 개인적인

Point 01 | 문장의 동사 vs. 준동사

문장의 동사

절: 주어 + 동사 + 동사 → ① _____ (to부정사/동명사/분사)

> **Hint** Try to forget about any fear of water during swimming lessons.
> Meditating every morning will help you relieve your stress.

Point 02 | to부정사/동명사 목적어의 의미가 다른 동사

remember/forget/regret + ② _____ (과거에) ~했던 것을

+ ③ _____ (미래에) ~할 것을

> **Hint** I don't remember asking you to close the window.
> I was really busy today, so I forgot to have lunch.

Point 03 | to부정사구/분사구의 수식을 받는 주어의 수일치

주어 [to부정사구 / 분사구] 동사

④ _____

> **Hint** His goal to be a scientist makes him study hard.
> Mothers working full-time are rapidly increasing because of the rising cost of living.
> The various surveys conducted by the fashion magazine ask 1,000 readers about their preferences in many areas.

Point 04 | 능동 v-ing vs. 수동 p.p.

v-ing	수식 받는 명사 (분사구문의) 의미상 주어 등	p.p.

⑤ _____ / 감정 유발   ⑥ _____ / 감정을 느낌

> **Hint** Andy saw a strange man running down the street.
> One of the readers inspired by the book wrote a poem.

정답 및 해설 p. 15

Part 5
접속사, 절

Chapter ⑲
등위절과 명사절

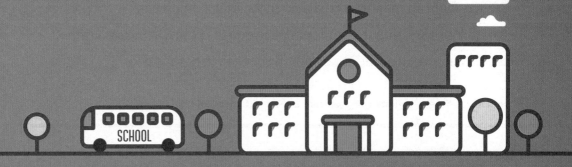

Unit 01 등위접속사 & 상관접속사

단어와 단어, 구와 구, 절과 절을 연결하는 말을 접속사라고 한다.

1. 등위접속사

◆ 등위접속사 and, but, or는 형태상 대등한 단어나 구, 절을 연결한다. 다만 등위접속사 for(왜냐하면)는 단어나 구가 아닌 절을 연결한다.

We played soccer **and** did the homework. 〈구〉 우리는 축구를 했고 숙제를 했다.
I'm terribly sorry, **but** it wasn't my fault. 〈절〉 정말 미안해, 하지만 그건 내 잘못이 아니었어.
Which do you prefer, tea **or** water? 〈단어〉 당신은 차 혹은 물 중 어느 것을 선호하나요?
He'll be sick, **for** he ate rotten food. 〈절〉 그는 아플 거야, 왜냐하면 그가 상한 음식을 먹었거든.

◆ 「명령문+and ...」는 '~해라, 그러면 …'의 뜻이며, 「명령문+or ...」는 '~해라, 그렇지 않으면 …' 의 뜻이므로 해석 시 주의한다.

Be nice to everyone, **and** they'll help you. 모두에게 친절해라, 그러면 그들이 너를 도울 것이다.
Be here on time, **or** the bus will leave. 제시간에 여기에 와라, 그렇지 않으면 버스는 떠날 거야.

2. 상관접속사

◆ 등위접속사 and, or, but 등이 다른 말과 짝을 이뤄 쓰일 때 이를 '상관접속사'라고 한다.
– both A and B (A와 B 둘 다): 항상 복수 취급한다.
Both my friend **and** I *enjoy* rock climbing. 나의 친구와 나는 둘 다 암벽 등반을 즐긴다.

– either A or B (A와 B 둘 중 하나), neither A nor B (A도 B도 ~ 아닌), not A but B (A가 아니라 B), not only A but (also) B (= B as well as A) (A뿐만 아니라 B도): 동사는 B에 수일치시킨다.

Either I **or** my mom *is* going to call you. 나와 나의 엄마 둘 중 한 사람이 네게 전화할 것이다.
Neither you **nor** I *am* strong enough to carry this box.
당신도 나도 이 상자를 옮길 만큼 힘이 세지 못하다.
Sam lives **not** in Chicago **but** in Boston. 샘은 시카고가 아니라 보스턴에 산다.
Not only honesty **but also** patience *is* important in life. (= Patience **as well as** honesty *is* important in life.) 정직뿐만 아니라 끈기도 인생에서 중요하다.

> ◎ 수능 첫단추
>
> 등위[상관]접속사가 있다면 접속사 앞뒤의 어떤 어구들과 연결된 것인지 찾아 문법적 성격 을 대등하게 맞춘다.　　　　　　　　　　　　(➔ Ch ㉒ Point 01 접속사의 병렬구조)

CHECK UP 다음 중 어법상 적절한 것을 고르시오.

1 The flight attendants served dinner, or / but I didn't eat.

2 Ann is cooking dinner and / or talking on the phone at the same time.

3 Either / Neither the library nor the bookstore has the book.

rotten 썩은, 부패한　**honesty** 정직　**patience** 끈기　**flight attendant** 비행기 승무원

Practice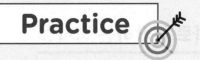

Ⓐ 다음 각 문장의 빈칸에 알맞은 말을 〈보기〉에서 골라 쓰시오.

> **보기** and but or nor both either

01 Sarah said goodbye, got into her car, _____ drove off.

02 Neither she _____ I know his telephone number.

03 Friends are there for each other _____ in good times and in bad times.

04 English is very useful not only for entering college _____ for getting jobs.

05 We have to decide immediately. You must answer _____ "yes" or "no."

Ⓑ 다음 중 밑줄 친 부분이 올바르면 ○표, 어색하면 ×표하고 바르게 고치시오.

01 My new cell phone is <u>both</u> silver but black.

02 Both my brother and my sister <u>don't</u> eat meat.

03 On weekends, I spend my time either reading novels <u>nor</u> watching television.

04 Keep your promises, <u>and</u> you'll lose your friends.

05 I like neither cats <u>nor</u> dogs.

Ⓒ 주어진 우리말과 일치하도록 상관접속사와 괄호 안의 표현을 이용하여 문장을 완성하시오.

01 승자와 패자 모두 파티를 즐겼다. (the winners, the losers, enjoy a party)

→ Both _____.

02 그녀는 학교에 다닐 뿐만 아니라 아르바이트도 한다. (go to school, have a part-time job)

→ She not only _____.

03 그녀도 그녀의 남편도 영어를 말하지 못한다. (she, her husband)

→ _____ can speak English.

A drive off 차를 몰고 떠나버리다 **immediately** 즉시, 즉각

Unit 02 접속사로 시작하는 명사절

that, whether, if는 종속절과 주절을 연결하는 접속사이다. 이들 종속접속사는 문장에서 주어, 목적어, 보어의 역할을 하는 명사절을 이끌 수 있다.

1. that으로 시작하는 명사절

보이는 문법

명사절

주어 동사

that / whether / if

◆ that절이 주어로 쓰일 경우, 가주어 it을 대신 쓰고 that절은 문장 맨 뒤로 보내는 경우가 대부분이다. 접속사 that은 '~라는 것'의 의미이다.

That *Tony doesn't eat cheese* is surprising.

= *It* is surprising **that** *Tony doesn't eat cheese.* 토니가 치즈를 먹지 않는다는 것은 놀랍다.

It wasn't true **that** *the festival would be canceled.* 축제가 취소될 것이라는 건 사실이 아니었다.

◆ that절이 동사의 목적어로 쓰일 때 접속사 that은 종종 생략된다.

◆ 목적어로 that절을 취하는 동사

- think that ~   ~라고 생각하다   – remember that ~   ~라는 것을 기억하다
- believe that ~   ~라고 믿다   – say that ~   ~라고 말하다
- hope that ~   ~이기를 희망하다   – know that ~   ~라는 것을 알다

Remember **(that)** we need to protect animals. 우리가 동물을 보호할 필요가 있다는 걸 기억해.

I *think* **(that)** she might have missed the flight. 나는 그녀가 비행기를 놓쳤을지도 모른다고 생각해.

I *believe* **(that)** she will like these clothes. 나는 그녀가 이 옷들을 좋아할 것이라고 믿는다.

◆ that절은 보어로 쓰여 주어를 보충 설명하기도 한다.

The fact is **that** I knew your secret. 사실은 내가 너의 비밀을 알고 있었다.

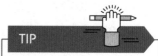

TIP

동격의 that절

that절은 앞에 나오는 명사를 보충 설명하는 '동격'으로 쓰이기도 한다.

The important thing is *the fact* **that** we tried our best.
중요한 것은 우리가 최선을 다했다는 사실이다.

(the fact = we tried our best)

2. whether/if로 시작하는 명사절

◆ whether/if는 '~인지 (아닌지)'란 의미로 명사절을 이끌기도 한다. whether 명사절은 문장에서 주어, 목적어, 보어 역할을 모두 할 수 있지만, if 명사절은 주로 동사의 목적어로 쓰인다.

Whether *he lied or not* is not certain yet. 그가 거짓말을 했는지 아닌지는 아직 확실하지 않다.

I can't predict **if[whether]** *the plan will succeed.* 나는 그 계획이 성공할지 예측할 수 없다.

The question is **whether** *he trusts me.* 문제는 그가 나를 신뢰하는지다.

cf. whether 명사절이 주어로 쓰일 경우, 가주어 it을 대신 쓰고 whether절은 문장 맨 뒤로 옮긴다.

It's your choice **whether** *you have lunch or not.* 당신이 점심을 먹는지 아닌지는 당신의 선택이다.

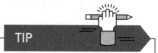

TIP

간접의문문

의문사가 없는 「동사+주어 ~?」의 직접의문문이 문장에서 주어, 목적어, 보어로 쓰일 때 whether/if를 써서 「whether/if+주어+동사」의 어순으로 쓰이는데, 이를 '간접의문문'이라고 한다.

CHECK UP 다음 각 문장에서 명사절을 찾아 밑줄을 긋고 각각의 역할을 S(주어), C(보어), O(목적어)로 표시하시오.

1 I think that he doesn't understand English.

2 The problem is whether she can be here by 5 o'clock or not.

3 My friends and I want to know if Becky will attend the charity event.

---

predict 예측하다, 예상하다

Practice

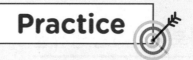

Ⓐ 다음 각 문장에서 명사절이 시작하는 자리에 that을 써넣으시오.

01 I didn't realize he suffered from a serious disease.

02 The research suggests stress causes cancer.

03 Psychologists believe dreams tell us more about our past than the future.

04 My guess is she doesn't have enough money to buy that hat.

Ⓑ that, whether, if 중에서 알맞은 것을 골라 빈칸에 써넣으시오. (중복 사용 가능)

01 Your weakness is _____ you think too much.

02 My concern is _____ the microwave will be repaired or not.

03 Many students have complained _____ their new school uniforms do not look good.

04 I asked the woman _____ the seat next to her was occupied or not.

Ⓒ 〈보기〉와 같이 주어진 표현을 이용하여 빈칸을 채우시오.

> **보기** Are you moving away? + Is it true? (that)
> ➔ Is it true ___**that you are moving away**___ ?

01 Will Junho stay at home tomorrow? + I wonder. (whether ~ or not)
➔ I wonder _____ tomorrow.

02 Will she do better next time? + Do you believe? (that)
➔ Do you believe _____ ?

03 Did she enjoy the concert? + I don't know. (if ~ or not)
➔ I don't know _____ .

A realize 깨닫다 **suggest** 암시하다; 제안하다 **psychologist** 심리학자 **B weakness** 약점; 약함 **concern** 걱정, 근심 **work** (계획 등이) 잘 되어 가다; 효과가 있다 **occupy** (시간·장소를) 점유하다, 차지하다 **C wonder** 궁금하다; ~일지 모르겠다

Unit 03 의문사로 시작하는 명사절

◆ what, who, which, when, where, why, how 등의 의문사로 시작하는 명사절은 문장에 서 주어, 목적어, 보어 역할을 할 수 있다. 의문사 명사절 역시 「의문사+동사+주어 ~?」의 직접 의문문이 문장의 일부인 주어, 목적어, 보어로 쓰이면서 「의문사+주어+동사 ~」의 어순을 이루는 간접의문문이다.

Why *the bus stopped* hasn't been revealed. 〈주어〉 왜 버스가 멈췄는지는 밝혀지지 않았다.
I don't know **who** *used my dictionary*. 〈목적어〉 나는 누가 내 사전을 썼는지 모른다.
The issue is **when** *the store opens today*. 〈보어〉 문제는 그 가게가 오늘 언제 여는지이다.

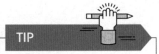

TIP

의문사절을 대신하는 가주어 it
의문사절이 주어로 쓰일 경우, 가주어 it을 그 자리에 두고 의문사절을 문장 맨 뒤에 둘 수 있다.

Why *ancient Egyptians built the pyramids* remains a mystery.
= **It** remains a mystery *why ancient Egyptians built the pyramids*.
왜 고대 이집트인들이 피라미드를 세웠는지는 미스터리로 남아 있다.

◆ 의문사 how가 부사/형용사를 수식할 경우에는 간접의문문에서 「how+부사/형용사+주어 +동사 ~」의 어순으로 how와 부사/형용사를 한 덩어리처럼 연달아 이어서 쓴다.

Don't forget **how hard** *you have practiced the piano for today's performance.*
네가 오늘의 공연을 위해 얼마나 열심히 피아노를 연습했는지 잊지 마라.

◆ 의문사 which와 what이 의문형용사로 쓰여 바로 뒤에 명사가 올 경우, 이때도 간접의문문 에서는 「which/what+명사+주어+동사 ~」의 어순을 쓴다.

I want to know **which language** *you want to learn*.
나는 네가 어떤 언어를 배우길 원하는지 알고 싶다.

She hasn't decided **what movie** *she'll watch tonight*.
그녀는 오늘 밤 무슨 영화를 볼지 아직 결정하지 못했다.

◆ do you think[believe, suppose, say, imagine]가 이끄는 간접의문문에서는 의문사가 문장 맨 앞으로 옮겨가 「의문사+do you think[believe 등]+주어+동사 ~」 어순이 된다.

Where do you *think I could buy an art magazine*?
당신은 제가 어디에서 미술 잡지를 살 수 있을 거라고 생각합니까?

How do you *suppose the increasing population of the old will affect society*?
당신은 증가하고 있는 노인 인구가 사회에 어떻게 영향을 줄 것이라고 생각합니까?

cf. **Do you know** *who is coming to the party*? 당신은 누가 파티에 올 것인지 압니까?

CHECK UP 다음 각 문장에서 명사절을 찾아 밑줄을 긋고 각각의 역할을 S'(진주어), C(보어), O(목적어)로 표시하시오.

1 You haven't given me what I asked for.

2 The problem was where we would stay in Paris.

3 It hasn't been decided who will go on the business trip in July.

---

reveal 밝히다; 드러내다   **issue** 주제, 쟁점; 문제   **suppose** 생각하다, 추측하다   **increase** 증가하다 (↔ **decrease** 감소하다)   **population** 인구

Practice

Ⓐ 문맥상 의미가 자연스럽도록 빈칸에 알맞은 의문사를 〈보기〉에서 골라 쓰시오. (한 번씩만 사용할 것)

> 보기   who   why   how   where

01 Let me know _____ you're going to be before we meet.

02 I don't care _____ I look to other people.

03 Do you know _____ Linda lives with?

04 I have no idea _____ he doesn't like romantic movies.

Ⓑ 다음 각 문장에서 <u>어색한</u> 부분을 찾아 바르게 고쳐 쓰시오.

01 Do you think what animal is the most intelligent?

02 What do you know the weather will be like tomorrow?

03 I can't predict which university will I attend next year.

04 The pilot explained why was the plane delayed.

05 How long do you suppose will it take for me to finish this task?

Ⓒ 주어진 우리말과 일치하도록 괄호 안의 단어들을 이용하여 문장을 완성하시오.

01 Alice가 어디로 갔는지는 비밀이다. (go)

   ➔ _____ is a secret.

02 내가 어느 외국어를 선택해야 하는지 모르겠다. (foreign, language, choose, should)

   ➔ I don't know _____.

03 그녀가 왜 너에게 화를 낸다고 생각하니? (be angry at, think)

   ➔ _____?

04 나는 어떻게 네가 그 테이블을 만들었는지 알고 싶다. (want, the table, make, know)

   ➔ _____.

B   attend 참석하다; 다니다   **pilot** 조종사, 비행사

Chapter Exercises

A 다음 중 어법상 적절한 것을 고르시오.

01 I'm not sure if / what I can change Susan's mind.

02 Sally is diligent, and / but she didn't do the homework yesterday.

03 I think whether / that she should follow her mother's advice.

04 I have no idea when / where she left here.

05 Both my older brother and my little brother is / are firefighters.

B 다음 중 각 문장의 빈칸에 들어갈 말이 순서대로 바르게 짝지어진 것을 고르시오.

01

- I know neither her name _____ her age.
- He used to play mobile games, _____ now he doesn't.
- Will you invite _____ Eric and Amy to our party?

① and — or — both
② and — but — and
③ or — but — so
④ nor — or — and
⑤ nor — but — both

02

- It is surprising _____ you got a 50% discount on that dress.
- I am thinking about _____ my dream is.
- I don't know _____ the museum opens today or not.

① that — how — that
② that — what — if
③ what — how — if
④ what — when — that
⑤ what — when — if

A diligent 근면한, 부지런한

C 다음 중 밑줄 친 부분의 역할이 〈보기〉와 같은 것을 고르시오.

01

> 보기 Is it true <u>that Peter has become a police officer</u>?

① I can't decide <u>whether I will order coffee or tea</u>.

② I don't know <u>how fast this car is</u>.

③ The shocking news is <u>that Sam is going to marry Helen next month</u>.

④ It depends on his schedule <u>whether we can interview the actor</u>.

⑤ Please tell me <u>where I should put these chairs</u>.

02

> 보기 She said <u>that her teacher was a really generous person</u>.

① My opinion is <u>that our teacher should give us less homework</u>.

② I hope <u>you become a good doctor</u>.

③ My point is <u>that students should learn how to behave politely at home</u>.

④ <u>How she arrived here so fast</u> is a mystery.

⑤ It is uncertain <u>whether Joshua and I will have lunch or dinner tomorrow</u>.

D 다음 중 어법상 바른 문장을 고르시오.

01 ① Please tell me when you want to go to the movies today.

② What do you think is my gift for Leo?

③ Not Monday but Friday are the graduation in my school.

④ I believe if she will overcome her fear of heights.

⑤ Which color do you like, blue, green and yellow?

02 ① How long do you suppose will it take for the food to be delivered?

② Not only Jimmy but also I aren't seventeen.

③ Neither Amy nor I likes horror movies.

④ Michael said he would like to work at an animal shelter.

⑤ Do you know who is the author of this book?

C behave 행동하다 **D graduation** 졸업식 **overcome** 극복하다, 이겨내다 **fear of heights** 고소 공포증 **shelter** 피난처; 보호소

E 다음 각 문장의 빈칸에 가장 알맞은 말을 〈보기〉에서 골라 쓰시오. (복수 정답 가능)

> 보기   that   if   whether   what   who

01 I don't think _____ we will be late for the movie.

02 Could you tell me _____ it will rain tomorrow?

03 I assume _____ he decided to give up studying abroad.

04 Her biggest worry is _____ she can overcome her shyness.

05 Minho refused to tell me _____ he did yesterday.

06 _____ ate the sandwich is still a mystery.

F 주어진 우리말과 일치하도록 괄호 안의 단어들을 배열하여 문장을 완성하시오.

01 그 연구 계획은 시간과 돈 둘 다를 필요로 할 것이다. (and / money / both / time)

➜ The research project will take _____.

02 죄송하지만, 당신의 이름이 뭐라고 하셨죠? (was / say / your name / what / you / did)

➜ I'm sorry, _____?

03 나는 니콜라스가 우주 비행사가 되었다는 걸 믿을 수 없다.

(that / Nicolas / believe / became)

➜ I can't _____ an astronaut.

04 모든 사람들이 그 수영 선수가 그 경기에서 얼마나 완벽하게 수영했는지 보았다.

(swam / perfectly / how / the swimmer)

➜ Everyone saw _____ in the race.

05 나는 그 호텔이 공항과 가까운지 아닌지를 확인하는 것을 잊었다.

(the airport / if / not / is / close / the hotel / to / or)

➜ I forgot to check _____.

E assume 추측하다, 추정하다   shyness 수줍음 *shy 수줍어하는   **F** astronaut 우주 비행사

👍 서술형 대비

(G) 주어진 우리말과 일치하도록 괄호 안의 단어들을 이용하여 문장을 완성하시오.

01 그 결과는 좋지도 나쁘지도 않았다. (neither, result, good, bad)

➜ _____

02 너뿐만 아니라 그녀도 결혼식에 참석해야 한다.

(attend, wedding ceremony, as well as, have to)

➜ _____

03 나는 Ted가 그 경주에서 이길 것이라고 예상했다. (race, that, win, expect, will)

➜ _____

04 당신은 그 버스가 여기에 서는지 아시나요? (know, here, if, stop)

➜ _____

05 나는 Sam이 Jennifer를 좋아하는지 아닌지 궁금해. (like, whether, or, wonder, not)

➜ _____

06 나는 Sally가 그 파티에서 무엇을 입고 있었는지 기억이 안 나. (party, what, remember, wear)

➜ _____

07 그에게 어느 것을 원하는지 물어보자. (want, one, ask, let, which)

➜ _____

08 나는 나의 친구들이 언제 나의 집에 방문할지 모른다. (will, visit, know, when, house)

➜ _____

문법, 문장으로 정리하자!
Summary with Sentences

Unit 01 | 등위접속사 & 상관접속사

I'm terribly sorry, but it wasn't my fault. 〈단어, 구, 절을 연결하는 등위접속사〉
　　　절　　　　　　　　　절

Be nice to everyone, and they'll help you. 〈명령문+and ...: ~해라, 그러면 …〉

Be here on time, or the bus will leave. 〈명령문+or ...: ~해라, 그렇지 않으면 …〉

Both my friend and I enjoy rock climbing. 〈both A and B는 복수 취급〉
　　　　　　　　　　복수동사

Either I or my mom is going to call you. 〈either A or B 등은 B에 동사를 수일치〉

Unit 02 | 접속사로 시작하는 명사절

It wasn't true that the festival would be canceled.
가주어 It　　　　　　　　that 명사절 (진주어)

I think (that) she might have missed the flight. 〈목적어 역할의 that절〉

The fact is that I knew your secret. 〈주어를 보충 설명하는 보어 역할의 that절〉

I can't predict if[whether] the plan will succeed. 〈목적어 역할의 if[whether]절〉

The question is whether he trusts me. 〈보어 역할의 whether절〉

It's your choice whether you have lunch or not.
가주어 It　　　　　　　whether 명사절 (진주어)

Unit 03 | 의문사로 시작하는 명사절

Why the bus stopped hasn't been revealed. 〈주어 역할〉
간접의문문의 어순: 의문사+주어+동사 ~

I don't know who used my dictionary. 〈목적어 역할〉

The issue is when the store opens today. 〈보어 역할〉

Where do you think I could buy an art magazine?
의문사+do you think[believe, suppose, say, imagine]+주어+동사 ~?

Chapter ⑳
부사절

Unit 01 부사절 접속사 (1) 시간 / 이유

부사절(부사 역할을 하는 절)은 시간·이유·조건 등을 나타내는 접속사로 시작된다.

1. 시간을 나타내는 부사절

◆ '때'를 나타내는 접속사: when, as(~할 때, ~하면) / while(~하는 동안) / before(~하기 전에) / after(~한 후에) / since(~한 이래로) / until(~할 때까지 = till) / as soon as (~하자마자)

What do you usually do **when** you have free time? 자유 시간이 있을 때 너는 주로 무엇을 하니?

The doorbell rang **while** I was taking a shower. 내가 샤워를 하는 동안 현관 벨이 울렸다.

Jane slept **until** her mom woke her up. 제인은 그녀의 엄마가 그녀를 깨울 때까지 잤다.

◆ 시간의 부사절에서는 미래를 현재 시제로 나타낸다.

Please let me know **when** he *comes*. (**will come** ✕) 그가 오면 내게 알려 줘.

What will you do **after** the test *finishes*? 시험이 끝난 후에 너는 무엇을 할 거니?

2. 이유·원인을 나타내는 부사절

◆ '이유·원인'을 나타내는 접속사: because, since, as, now (that) (~ 이기 때문에, ~ 이므로)

Because we don't use the car often, we've decided to sell it.
우리는 자동차를 자주 사용하지 않으므로 그것을 팔기로 결정했다.

Since we don't have class tomorrow, we can stay up later tonight.
우리는 내일 수업이 없으므로 오늘 밤 더 늦게까지 깨어 있을 수 있다.

Now (that) everyone's here, we can begin the presentation.
이제 모두 여기 왔으니까 우리는 발표를 시작할 수 있다.

◆ as와 since는 시간의 부사절에도 쓰이므로 문맥을 통해 의미를 판단해야 한다.

As[Since] I was tired, I fell asleep very quickly. 피곤했기 때문에, 나는 아주 금방 잠이 들었다.

cf. I have known Betty **since** she was young. 나는 베티가 어릴 때부터 그녀를 알아 왔다.

> ◎ 수능 첫단추
>
> 명사(구)를 이끄는 전치사와 절을 이끄는 접속사를 구별하는 어법 문제가 자주 출제된다.
>
> (➔ Ch ㉒ Point 03 전치사 vs. 접속사)

CHECKUP 다음 중 어법상 적절한 것을 고르시오.

1 We should arrive at the station before the train | leaves / will leave |.

2 Do you want to go for a walk | now that / when | the rain has stopped?

3 Tony dropped the glass | as / because | he was taking it out of the cupboard.

4 Boil the potatoes | while / until | they are soft.

stay up 깨어 있다   **cupboard** 찬장   **boil** 끓이다; 삶다

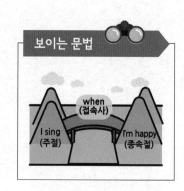

보이는 문법

when
(접속사)

I sing
(주절)

I'm happy
(종속절)

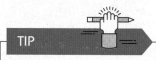

TIP

because vs. because of

because는 접속사로 뒤에 절을 이끌지만, 뒤에 of가 붙은 because of는 뒤에 단어나 구를 이끄는 전치사 역할을 한다.

Because it was a public holiday, all the shops were shut.
(= **Because of** a public holiday, ~)
공휴일이었기 때문에 모든 상점들은 문을 닫았다.

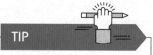

TIP

as의 의미 확장

접속사 as는 시간/이유 외에도 다양한 의미를 가져 '~하는 대로; ~할수록'으로 해석되는 경우도 있다.

You may dance **as** you please.
네가 좋은 대로 춤을 춰도 된다.

As rivers become polluted, fish are poisoned.
강이 오염될수록, 물고기들이 중독된다.

Practice

Ⓐ 다음 각 문장의 빈칸에 알맞은 접속사를 〈보기〉에서 골라 쓰시오. (한 번씩만 사용할 것)

> 보기 before   while   after   because   until

01 The meeting was delayed _____ all members were present.

02 We have five minutes _____ the movie starts.

03 I'll call you _____ I finish this work.

04 What kind of snack do you usually have _____ you are watching baseball games?

05 People like popcorn _____ it's cheap and easy to eat.

Ⓑ 다음 각 문장에서 밑줄 친 부분을 바르게 고쳐 쓰시오.

01 Let's wait <u>after</u> the restaurant opens.

02 I've been interested in making things <u>when</u> I was a child.

03 <u>Before</u> I was taking a shower, the water suddenly stopped running.

04 When we <u>will meet</u> tomorrow, I'll show you my new bike.

Ⓒ 다음 각 문장에서 밑줄 친 부분을 우리말로 옮기시오.

01 He turns on the computer <u>as soon as he comes home</u>.

02 <u>After she graduates from school</u>, she will get a job.

03 I was out of the office <u>when he came to see me</u>.

04 <u>As they live near me</u>, I see them quite often.

05 Please wait here <u>until your name is called</u>.

B suddenly 갑자기 *sudden 갑작스러운   **C quite** 상당히, 꽤

Unit 02 부사절 접속사 (2) 대조 / 조건 / 목적·결과

1. 대조를 나타내는 부사절

◆ 주절과 부사절이 서로 대조적인 내용일 때, 대조를 나타내는 접속사를 쓴다.

◆ '대조'를 나타내는 접속사: though, although, even though, even if (비록 ~이지만)

Although I can speak Chinese, I can't read it. 나는 중국어를 말할 수 있지만, 읽을 수는 없다.

I like my room **even though** it's a little small. 비록 조금 작지만, 나는 내 방이 좋다.

◆ while(~인 반면에)이 이끄는 절은 보통 주절과 반대되는 내용을 나타낸다.

Some people like cream and sugar in their coffee, **while** others like it black.
어떤 사람들은 커피에 크림과 설탕을 넣지만, 반면에 다른 사람들은 블랙커피를 좋아한다.

2. 조건을 나타내는 부사절

◆ '조건'을 나타내는 접속사: if(만약 ~라면) / unless(만약 ~이 아니라면 = if ~ not)

◆ 조건의 부사절에서도 미래를 현재 시제로 나타낸다.

If you *do* better next time, you'll be able to join the team.
다음에 네가 더 잘한다면, 그 팀에 합류할 수 있을 거야.

He won't forgive you **unless** you *say* you're sorry.

= He won't forgive you **if** you *don't* say you're sorry.
네가 미안하다고 말하지 않는다면 그는 너를 용서하지 않을 거야.

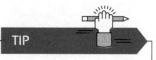

TIP

명령문과 if

• 「명령문+and(~해라, 그러면 …)」
는 if 부사절로 표현할 수 있다.
(☞ Ch ⑲ Unit 01 등위접속사 &
상관접속사 참조)

Read many books **and** you
can improve your writing skills.

= **If** you **read** many books, you
can improve your writing
skills.

책을 많이 읽으면 너의 쓰기 실력
을 향상시킬 수 있다.

• 「명령문+or(~해라, 그렇지 않으
면 …)」는 if ~ not 부사절로 표현
할 수 있다.

Read many books **or** you can't
improve your writing skills.

= **If** you **don't** read many
books, you can't improve your
writing skills.

책을 많이 읽지 않으면 너의 쓰기
실력을 향상시킬 수 없다.

3. 목적·결과를 나타내는 부사절

◆ so that ~: ~하기 위해서 〈목적〉 (= in order that)

◆ so+형용사/부사+that …: 너무 ~해서 …하다 〈결과·정도〉

   = such+(a/an+)(형용사+)명사+that …

I checked every process carefully **so that** I could avoid making a mistake.

(= I checked every process carefully **in order that** I could avoid ~.)
나는 실수를 피하기 위해서 모든 과정을 세밀히 확인했다.

He studied **so** *hard* **that** he finally became a lawyer.
그는 매우 열심히 공부해서 마침내 변호사가 되었다.

It was **such** *a nice day* **that** I took a walk for an hour in the park.
날씨가 너무 좋아서 나는 공원에서 한 시간 동안 산책을 했다.

TIP

명사절로도 쓰이는 if

(☞ Ch ⑲ Unit 02 접속사로 시작하
는 명사절 참조)

He asked me *if* I wanted to go
with him.
그는 내가 자신과 함께 가기를 원하
는지를 물었다.

CHECKUP 다음 각 문장의 빈칸에 though, unless, so that 중에 알맞은 접속사를
골라 쓰시오.

1 _____ you attend the event, I'll attend it instead.

2 _____ she is old, she is still healthy.

3 Put the milk in the refrigerator _____ it won't spoil.

join 합류하다; 가입하다   **instead** 대신에   **spoil** 상하다, 부패하다; 망치다

Practice

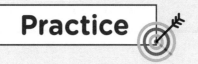

A 다음 중 어법상 적절한 것을 고르시오.

01 If / Though the days in the desert are hot, the nights are cold.

02 If / Unless you do your best, you will get a good grade.

03 He won't be able to understand you if / unless you speak very slowly.

04 I haven't seen her for so / such long that I can't remember her face.

05 A scientist tries to understand the world with his head, if / while a poet tries to understand it with his heart.

B 다음 각 문장에서 밑줄 친 부분을 바르게 고쳐 쓰시오.

01 The book was <u>such</u> good that I couldn't put it down.

02 I'm sorry, but you can't see the doctor <u>if</u> you have an appointment.

03 It was <u>so</u> a wonderful movie that I saw it five times.

04 The teacher will be angry if John <u>will arrive</u> at school late again.

C 다음 두 문장이 일치하도록 빈칸에 알맞은 말을 넣어 문장을 완성하시오.

01 She must apologize to me, or I'll never speak to her again.

= I'll never speak to her again _____ _____ _____ to me.

02 You can't travel abroad unless you have a passport.

= You can't travel abroad _____ _____ _____ have a passport.

03 In spite of her low grades, she was admitted to university.

= _____ _____ _____ _____ low, she was admitted to university.

04 Dick is saving his money to travel in Europe next summer.

= Dick is saving his money _____ _____ he can travel in Europe next summer.

05 It was such a difficult test that no one was able to pass it.

= The test was _____ _____ _____ no one was able to pass it.

A desert 사막 **B put down** 내려놓다 **C passport** 여권 **admit** 인정하다; 받아들이다

Chapter Exercises

A 다음 중 빈칸에 가장 적절한 것을 고르시오.

01 I can't graduate from school _____ I pass all my courses.

① when   ② while   ③ if   ④ unless   ⑤ so

02 _____ you paid for the theater tickets, please let me pay for our dinner.

① Since   ② Though   ③ Before   ④ Unless   ⑤ Until

03 _____ I saw the fire, I telephoned the fire department.

① Till   ② Though   ③ Unless   ④ Until   ⑤ As soon as

04 _____ he had little money, he couldn't enter the restaurant to have a meal.

① Unless   ② Although   ③ While   ④ Because   ⑤ So that

B 다음 중 빈칸에 when[When]을 쓸 수 <u>없는</u> 것을 고르시오.

① I'll help you _____ I finish writing this letter.

② _____ I woke up, the sun was shining brightly.

③ _____ you finish the course, you can get a license.

④ My mom usually hums to herself _____ she cooks.

⑤ I should leave now _____ I have an appointment.

A **fire department** 소방서   **B** **license** 자격증   **hum** 콧노래를 부르다, (노래를) 흥얼거리다 *humming 콧노래

C 다음 각 문장에서 밑줄 친 접속사의 알맞은 뜻을 〈보기〉에서 골라 기호를 쓰시오.

> 보기   ⓐ ~하는 동안   ⓑ ~이기 때문에   ⓒ ~할 때까지   ⓓ 비록 ~이지만

01 Please look after my dog <u>while</u> I'm away.

02 <u>Now that</u> the weather is hot, let's go swimming.

03 <u>Though</u> we can't see each other often, we're good friends.

04 The players did their best <u>until</u> the game ended.

05 <u>As</u> we don't have much time, we should hurry.

06 <u>Although</u> the dog is wild, it doesn't bite people.

D 다음 중 어법상 바르지 <u>않은</u> 문장을 고르시오.

① I will take the subway so that I can save time.

② It will be a long time before the bridge is built.

③ You'll get hungry during class if you don't eat breakfast.

④ I couldn't sleep though the neighbors were making a lot of noise.

⑤ He woke up several times while he was sleeping last night.

E 다음 중 각 문장의 빈칸에 공통으로 들어갈 말로 알맞은 것을 고르시오.

01

> • We prepared a surprise party _____ she was at school.
>
> • _____ they have different opinions, they don't have problems in working together.

① if   ② since   ③ while   ④ even if   ⑤ until

02

> • We have been best friends _____ we were young.
>
> • You can't use your library card anymore _____ you are no longer a member here.

① as soon as   ② since   ③ when   ④ unless   ⑤ after

E no longer 더 이상 ~ 아닌

F 다음 중 밑줄 친 단어의 역할이 나머지와 다른 하나를 고르시오.

① I will call you <u>when</u> I get there.

② Do you know <u>when</u> the next performance is?

③ I always drink a glass of water <u>when</u> I get up in the morning.

④ The students were shocked <u>when</u> they heard the news.

⑤ <u>When</u> I looked at the sky, I saw many shining stars.

G 다음 중 밑줄 친 접속사가 〈보기〉와 같은 뜻으로 쓰인 것을 고르시오.

01

> 보기   I don't like riding roller coasters <u>as</u> they are too scary.

① He was going to the cafeteria <u>as</u> I passed him.

② <u>As</u> she grew older, she became beautiful.

③ They can travel to Australia <u>as</u> they have saved enough money.

④ Please do <u>as</u> I told you.

⑤ It rained a lot <u>as</u> I was driving.

02

> 보기   <u>While</u> she likes to go hiking, her sister doesn't like it.

① The phone rang many times <u>while</u> I was cleaning the bathroom.

② <u>While</u> I was sleeping, my sister took my shoes.

③ I usually listen to the radio <u>while</u> I drive.

④ Some people are suffering from obesity, <u>while</u> others are starving.

⑤ <u>While</u> my wife was chopping the vegetables, I boiled the water.

H 다음 중 밑줄 친 부분이 올바르면 ○표, 어색하면 ×표하고 바르게 고치시오.

01 We watched the baseball game <u>until</u> it ended at midnight.

02 <u>Unless</u> we miss the last subway, we'll have to walk.

03 The announcer speaks <u>such</u> fast that I can't take notes.

04 <u>Since</u> I was very tired, I skipped dinner and went to bed.

05 You should finish this work before you <u>will go</u> out.

G **obesity** 비만   **starve** 굶주리다   **chop** (음식 재료를 토막으로) 썰다[다지다]   **H** **announcer** 아나운서

I 다음 두 문장이 일치하도록 빈칸에 알맞은 단어를 써넣으시오.

01 Leave early not to miss the school bus.

= Leave early _____ _____ you will not miss the school bus.

02 The water was very hot. So I burned my hands.

= The water was _____ hot _____ I burned my hands.

J 다음 두 문장을 〈보기〉의 접속사를 사용하여 한 문장으로 바꿔 쓰시오. (한 번씩만 사용할 것)

> 보기   because   before   although   while

01 He takes a shower. Next, he goes to bed.

➜ _____, he takes a shower.

02 I like puppies. Puppies are very lovely.

➜ I like puppies _____.

03 We are not rich. We are happy.

➜ _____, we are happy.

04 He cleaned the room. She cooked dinner at the same time.

➜ _____, she cooked dinner.

K 주어진 우리말과 일치하도록 괄호 안의 단어들을 이용하여 문장을 완성하시오.

01 나는 설거지를 하면서 접시를 깨뜨렸다. (when, wash)

➜ I broke a dish _____.

02 지금 자러 가지 않는다면, 너는 내일 피곤할거야. (unless, go to bed)

➜ _____, you will be tired tomorrow.

03 눈이 오고 있었기 때문에, 야외 소풍은 취소되었다. (since, snow)

➜ _____, the outside picnic was canceled.

| **burn** 타다; 태우다; 화상을 입히다

Unit 01 부사절 접속사 (1) 시간 / 이유

'때'를 나타내는 접속사: when, while, before, after, since 등

What do you usually do when you have free time?

Please let me know when he comes. 〈시간을 나타내는 부사절: 미래는 현재 시제로 표현〉

'이유 · 원인'을 나타내는 접속사: because, since, as, now (that) 등

Since we don't have class tomorrow, we can stay up later tonight.

Unit 02 부사절 접속사 (2) 대조 / 조건 / 목적·결과

'대조'를 나타내는 접속사: though, although, even though, even if 등

Although I can speak Chinese, I can't read it.

Some people like cream and sugar in their coffee, while others like it black.
　　　　　　　　　　　　　　　　　　　　　　　　　주절과 반대되는 내용

'조건'을 나타내는 접속사: if, unless 등

If you do better next time, you'll be able to join the team.

= in order that

I checked every process carefully so that I could avoid making a mistake.
　　　　　　　　　　　　　　　　　　　　　'목적'을 나타내는 부사절

= such+(a/an+)(형용사+)명사+that

He studied so hard that he finally became a lawyer.
　　　　　　　　　　　　'결과'를 나타내는 부사절

Chapter ㉑
가정법

Unit 01 가정법 과거/과거완료

일어날 가능성이 거의 없거나 일어날 수 없는 일을 반대로 가정하여 말하는 것을 가정법이라고 한다.

1. 가정법 과거

◆ 가정법 과거는 현재 사실과 반대되는 일이나, 현재나 미래에 전혀 일어날 것 같지 않은 일을 가정하여 말할 때 쓴다. '만약 ~한다면, …할 텐데'로 해석한다.

◆ <u>If+주어+**동사의 과거형[were]**</u> ~, <u>주어+**조동사 과거형(would, could, might)+동사원형**</u>
　　　　　 If절(만약 ~한다면)　　　　　　　　　　　　　　　　 주절(…할 텐데)

* 가정법에서 If절의 be동사는 인칭, 수와 관계없이 were를 쓰는 것이 원칙이지만, 구어체에서는 was를 쓰기도 한다.

◆ '가정법 과거'라는 명칭은 If절에서 과거동사를 쓰기 때문에 붙여진 것이다. 과거의 일이 아닌, 현재의 일에 대한 가정임에 주의한다.

If I **were** a doctor, I **could help** sick children in Africa.
만약 내가 의사라면, 나는 아프리카의 아픈 어린이들을 도울 수 있을 텐데. (→ 현재 의사가 아니라서 도울 수 없음)
(→ As I am not a doctor, I can't help sick children in Africa.)

If I **took** the subway, I **wouldn't be** late. 만약 내가 지하철을 탄다면, 나는 늦지 않을 텐데.
(→ As I'm not taking the subway, I will be late.)

2. 가정법 과거완료

◆ 가정법 과거완료는 과거 사실과 반대되는 일 또는 과거에 실현 가능성이 작았던 일을 상상하거나 가정하여 말할 때 쓴다. '만약 ~했다면, …했을 텐데'로 해석한다.

◆ If+주어+**had p.p.** ~, 주어+**조동사 과거형(would, could, might)+have p.p.**
　 If절(만약 ~했다면)　　　　　　　　　 주절(…했을 텐데)

If I **had seen** you, I **would have said** hello. 만약 내가 당신을 봤다면, 안부 인사를 했을 텐데.
(→ As I didn't see you, I didn't say hello.)

You **wouldn't have gotten** lost if you **had taken** a map with you.
만약 네가 지도를 가져갔더라면, 너는 길을 잃지 않았을 텐데.
(→ You got lost as you didn't take a map with you.)

CHECK UP 다음 각 문장의 밑줄 친 부분이 나타내는 의미를 〈보기〉에서 골라 그 기호를 쓰시오.

> [보기]　ⓐ 과거: ~했다면　　　　　ⓑ 현재: ~한다면
> 　　　　　ⓒ 과거: ~했을 텐데　　　ⓓ 현재/미래: ~할 텐데

1　If I <u>had known</u> he was leaving, I <u>would have written</u> a letter for him.

2　If I <u>met</u> Nate, I <u>would borrow</u> his laptop.

get lost 길을 잃다

Practice

Ⓐ 다음 각 문장에서 밑줄 친 부분을 바르게 고쳐 쓰시오.

01 If Jack <u>had had</u> free time this week, he would visit his friends.

02 If the weather <u>had been</u> good today, our hiking would not be canceled.

03 If we <u>found</u> him earlier, we could have saved him.

04 If I <u>were not</u> rich, I would spend my money for the homeless.

05 If I had been in your place, I <u>would refuse</u> to give him the money.

06 If it <u>didn't rain</u> so hard, we would have been able to make the trip.

Ⓑ 다음 중 어법상 바르지 <u>않은</u> 문장을 고르시오.

① If I didn't live so far away, I would walk to school every day.

② If she had told me the truth, I would have been less angry.

③ If I had known it was shut, I wouldn't go to the museum.

④ I would go to the beach if I didn't have to work tomorrow.

⑤ If I meet the singer, I will ask for his autograph.

Ⓒ 주어진 문장을 가정법 문장으로 바꿔 쓸 때 빈칸에 알맞은 말을 써넣으시오.

01 As we aren't leaving right away, we can't be there by two o'clock.

➜ If we _____ right away, we _____ _____ there by two o'clock.

02 As I didn't have a camera, I didn't take any photographs.

➜ If I _____ _____ a camera, I _____ _____ _____ some photographs.

03 I didn't work hard. So I couldn't make my dream come true.

➜ If I _____ _____ hard, I _____ _____ _____ my dream come true.

04 I am so tired tonight. So I can't go to the movies with you.

➜ If I _____ _____ so tired tonight, I _____ _____ to the movies with you.

A in one's place ~의 입장에(서)　**B** autograph (유명인의) 서명, 사인 *cf.* signature (편지나 서류에 하는) 서명　**C** right away 곧 (= at once)

Unit 02 다양한 형태의 가정법

1. I wish 가정법

◆ 「I wish+가정법 과거(동사의 과거형[were])」는 현재 또는 미래에 이룰 수 없는 것을 소망하는 표현이다. '~라면 좋을 텐데'로 해석한다.

I wish I **knew** her SNS account. 내가 그녀의 SNS 계정을 알면 좋을 텐데.

(→ I want to know her SNS account, but I don't.)

I wish my mother **were** a famous chef. 나의 어머니가 유명한 요리사라면 좋을 텐데.

◆ 「I wish+가정법 과거완료(had p.p.)」는 과거에 이루지 못한 일을 현재 소망하는 표현이다. '~였다면 좋을 텐데'로 해석한다.

I wish Julie **hadn't eaten** so much cake. 줄리가 케이크를 그렇게 많이 먹지 않았더라면 좋을 텐데.

(→ I'm sorry that Julie ate so much cake.)

I wish I **had had** time to talk with Jimmy. 내가 지미와 얘기할 시간이 있었다면 좋을 텐데.

(→ I'm sorry that I didn't have time to talk with Jimmy.)

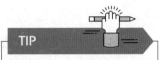

TIP

If절을 대신하는 어구

가정법의 If절의 의미를 with/without으로 표현할 수 있다.

With time, I **would go** shopping.
시간이 있다면, 나는 쇼핑하러 갈 텐데.
(= **If** I **had** time, ~.)

Without your advice, I **could not have solved** this problem.
당신의 조언이 없었다면, 나는 이 문제를 해결할 수 없었을 텐데.
(= **If** I **hadn't gotten** your advice, ~.)

2. as if 가정법

◆ 「as if+가정법 과거(동사의 과거형[were])」는 '마치 ~인 것처럼'의 의미로, 주절이 나타내는 때와 '동일한 때'를 실제와 다르게 가정하여 말할 때 쓴다.

Tony speaks Chinese **as if** he **were** Chinese. 토니는 그가 마치 중국인인 것처럼 중국어를 말한다.

(→ Tony is not Chinese, but he speaks Chinese like that.)

He talked **as if** he **knew** everything about soccer.

그는 자신이 마치 축구에 대해 모든 것을 아는 것처럼 말했다.

◆ 「as if+가정법 과거완료(had p.p.)」는 '마치 ~였던 것처럼'의 의미로, 주절이 나타나는 때보다 '먼저 있었던 일'을 가정하여 말할 때 쓴다.

He acts **as if** he **had** never **met** her. 그는 마치 그녀를 전혀 만난 적이 없던 것처럼 행동한다.

(→ He met her, but he doesn't act like that.)

They looked **as if** they **hadn't washed** in days.

그들은 마치 며칠 동안 씻지 않았던 것처럼 보였다.

TIP

as if=as though

as if 가정법은 as though 가정법으로 바꿔 쓸 수 있다.

Jinsu cried **as though [as if]** he had lost something important.
진수는 마치 중요한 무언가를 잃어버린 것처럼 울었다.

CHECK UP 주어진 우리말과 일치하도록 괄호 안의 단어를 이용하여 문장을 완성하시오.

1 할머니께서 좀 더 오래 사셨다면 좋을 텐데. (live)

➔ I wish my grandmother _____ a little longer.

2 그녀는 마치 그녀가 선생님인 것처럼 말한다. (be)

➔ She talks _____ she _____ a teacher.

3 내가 강아지가 있다면 좋을 텐데. (have)

➔ I wish I _____ a puppy.

4 그 남자는 마치 전에 나를 알았던 것처럼 행동했다. (know)

➔ The man acted _____ he _____ me before.

account 계정; 계좌

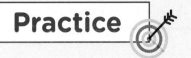

Practice

Ⓐ 다음 중 빈칸에 적절한 것을 고르시오.

01 I wish the system _____ repaired quickly.

① is   ② was   ③ can   ④ can be   ⑤ could be

02 Brian drives as if he _____ the only driver on the road.

① is   ② were   ③ would be   ④ has been   ⑤ had been

03 I wish I _____ science harder when I was a student.

① study   ② studied   ③ can study   ④ has studied   ⑤ had studied

Ⓑ 다음 중 밑줄 친 부분이 올바르면 ○표, 어색하면 ×표하고 바르게 고치시오.

01 I'm not on the school baseball team. I wish I <u>am</u> on the team.

02 I forgot about my appointment. I wish I <u>didn't miss</u> my appointment.

03 Jane talks to her cat as if it <u>understood</u> her.

04 He explained about the movie as if he <u>watched</u> it before.

Ⓒ 다음 중 문장 전환이 바르지 <u>않은</u> 것을 고르시오.

① I want to win the first prize, but I can't.

  ➜ I wish I could win the first prize.

② I'm sorry that I lost your favorite earring.

  ➜ I wish I didn't lose your favorite earring.

③ You talk to me like you're talking to a child, but I'm not a child.

  ➜ You talk to me as if I were a child.

④ If I hadn't had your camera, I could not have taken the beautiful pictures.

  ➜ Without your camera, I could not have taken the beautiful pictures.

⑤ He knows about Paris very well, but he has never been there.

  ➜ He knows about Paris very well, as if he had been there.

Chapter Exercises

A 다음 중 주어진 문장과 의미가 통하는 것을 고르시오.

01 If I had had a car, I could have picked you up.

ⓐ I could pick you up yesterday.

ⓑ I wasn't able to pick you up yesterday.

02 If he had a lot of money, he would buy the latest computer.

ⓐ He doesn't have enough money to buy the latest computer.

ⓑ He's going to buy the latest computer.

03 Peter uses the computer in my room as if it were his own.

ⓐ The computer in my room is not Peter's.

ⓑ The computer in my room is Peter's.

B 다음 중 어법상 적절한 것을 고르시오.

01 Children would have / would have had better teeth if they ate fewer sweets.

02 If she gets / got more exercise, she would be in better shape.

03 If you had asked for my opinion, I would give / have given it to you.

04 If she didn't receive / hadn't received immediate medical care, she would have died.

05 If I have had / had had good grades in high school, I could have gone to college.

06 I wish I can appear / could appear on a TV game show.

07 If you started / had started for the airport now, you could say goodbye to her.

08 I wish he paid / has paid more attention in class.

09 He drew the 63 Building in detail as if he is / were in front of the building.

A latest 최신의 **B** immediate 즉시의 **medical** 의학의 **game show** 게임[퀴즈] 프로그램 **in detail** 자세히, 상세하게

C 다음 중 빈칸에 적절한 것을 고르시오.

01 If people _____ less TV, they would have more time for reading.

① watch   ② watched   ③ have watched

④ had watched   ⑤ would have watched

02 I wish I _____ with you to the musical last night.

① go   ② went   ③ have gone

④ would go   ⑤ had gone

03 Is your condition getting worse? I wish you _____ a health check.

① gets   ② will get   ③ have got

④ would get   ⑤ would have got

D 다음 대화의 빈칸에 들어갈 가장 적절한 문장을 고르시오.

A: Min-seok thinks he is very smart.

B: I agree! He is not a teacher, but _____

① he tries to teach us as if he is a teacher.

② he tries to teach us as if he is not a teacher.

③ he tries to teach us as if he were a teacher.

④ he tried to teach us as if he were not a teacher.

⑤ he tried to teach us as if he had not been a teacher.

C health check 건강 검진

E 다음 중 문장 전환이 바르지 <u>않은</u> 것을 고르시오.

① Because today isn't a holiday, we can't go on a picnic.

→ If today were a holiday, we could go on a picnic.

② I am sorry I didn't start to study English long ago.

→ I wish I started to study English long ago.

③ Because you didn't call me, I didn't wait for you.

→ If you had called me, I would have waited for you.

④ Because Peter lives in an apartment, he doesn't have a dog.

→ If Peter didn't live in an apartment, he would have a dog.

⑤ He is not a singer, but he sings like he is a singer.

→ He sings as if he were a singer.

서술형 대비

F 주어진 문장을 가정법 문장으로 바꿔 쓸 때 빈칸에 알맞은 말을 써넣으시오.

01 As I wasn't brave, I didn't give these flowers to Jenny.

→ If I _____, I would have given these flowers to Jenny.

02 As I don't have a little brother, I want to have one.

→ I wish _____.

03 I fell off my bike. So I broke my arm.

→ If I _____, I wouldn't have broken my arm.

04 I cannot watch a horror movie because I'm sacred.

→ If I were not scared, I _____.

05 You didn't tell me about the problem. So I couldn't help you.

→ If you _____, I could have helped you.

E go on a picnic 소풍을 가다

G 다음 중 어법상 바르지 <u>않은</u> 문장을 고르시오.

01 ① You could have bought a new cell phone if you had saved more money.

② I wish I had taken the cooking class last year.

③ If I am you, I would celebrate New Year's Eve with family.

④ If you asked the policeman, you might learn the way to the museum.

⑤ If he hurried, he would not miss the concert.

02 ① I wish I were the fastest runner at school.

② She buys clothes as if she were rich.

③ If I were a writer, I might write about myself.

④ If I had known he was sick, I would take care of him.

⑤ If I had money, I might spend it helping the poor.

서술형 대비

H 주어진 우리말과 일치하도록 괄호 안의 단어들을 이용하여 문장을 완성하시오.

01 그는 마치 그가 행복한 것처럼 미소 짓는다. (happy)

➡ He smiles _____.

02 내가 시간이 더 있다면, 나는 매일 그 해변에 갈 텐데. (will, beach)

➡ If I had more time, _____.

03 내가 너와 함께 그 파티에 갔었더라면 좋을 텐데. (go, party)

➡ I wish _____.

04 만약 내가 너와 가까이 살았더라면, 우리는 더 자주 만날 수 있었을 텐데. (close, to, live)

➡ _____, we could have met more often.

05 내가 영어를 유창하게 말할 수 있다면 좋을 텐데. (speak, fluently, can)

➡ I wish _____.

G celebrate 축하하다, 기념하다   **New Year's Eve** 새해 전날, 12월 31일

문법, 문장으로 정리하자!
Summary with Sentences

Unit 01 — 가정법 과거/과거완료

If I <u>were</u> a doctor, I <u>could help</u> sick children in Africa. 〈현재 사실과 반대〉
동사의 과거형[were]   조동사 과거형+동사원형
└─ 가정법 과거

If I <u>had seen</u> you, I <u>would have said</u> hello. 〈과거 사실과 반대〉
　　had p.p.　　　　　조동사 과거형+have p.p.
　　　└─ 가정법 과거완료

Unit 02 — 다양한 형태의 가정법

I wish I <u>knew</u> her SNS account.
I wish+가정법 과거: 현재 또는 미래에 대한 소망

I wish I <u>had had</u> time to talk with Jimmy.
I wish+가정법 과거완료: 과거에 대한 소망

Tony speaks Chinese as if he <u>were</u> Chinese.
　　　　　　　　as if+가정법 과거: 마치 ~인 것처럼

He acts as if he <u>had never met</u> her.
　　　　　　as if+가정법 과거완료: 마치 ~였던 것처럼

Chapter ㉒
수능 빈출 어법 5

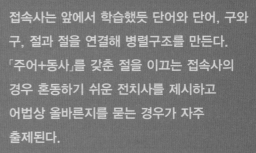

접속사는 앞에서 학습했듯 단어와 단어, 구와 구, 절과 절을 연결해 병렬구조를 만든다. 「주어+동사」를 갖춘 절을 이끄는 접속사의 경우 혼동하기 쉬운 전치사를 제시하고 어법상 올바른지를 묻는 경우가 자주 출제된다.
또한 Part 4&5에서 학습한 구와 절이 주어로 사용되었을 때 동사의 수일치에 대해서도 알아보자.

Point 01
접속사의 병렬구조

Point 02
구나 절 주어의 수일치

Point 03
전치사 vs. 접속사

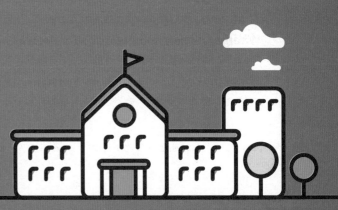

등위접속사/상관접속사로 연결되는 어구를 찾아 문법적 성격이 대등한 형태인지 확인한다.

> Albert Einstein remembered **seeing** a compass when he was five years old **and**
> [*marveling / marveled] that the needle always pointed north. 〈기출 응용〉
> 알베르트 아인슈타인은 그가 다섯 살이었을 때 나침반을 보고 그 바늘이 항상 북쪽을 가리키는 것을 보고 놀라워했던 것을 기억했다.

◆ 등위접속사(and, but, or)와 상관접속사(both A and B, either A or B, not only A but (also) B 등)가 연결
하는 단어, 구, 절은 문법적 성격이 대등해야 한다. 주로 준동사(to-v, v-ing, p.p.)를 묻는 경우가 많다.
cf. 병렬구조에서 접속사 뒤에 나오는 to부정사의 to는 생략 가능하다.

I entered the hospital for a rare disease. I became a medical curiosity, attracting some of the
top doctors **to check** on me **and (to) review** my case. 〈기출 응용〉
나는 희귀한 병으로 병원에 입원했다. 나는 나를 살펴보고 나의 사례를 관찰할 최고 의사들 몇몇을 끌어모으면서 의학적 호기심이 되었다.

Because she was too busy every day, **both washing and feeding** her dog were difficult.
그녀는 매일 너무 바빴기 때문에, 자신의 강아지를 씻기고 먹이는 것은 둘 다 어려웠다.

Recycling paper is one of the best ways **not only to reduce** pollution **but (also) (to) save**
many trees. 종이를 재활용하는 것은 오염을 줄일 뿐만 아니라 많은 나무를 살리기도 하는 가장 좋은 방법들 중 하나이다.

주어가 구나 절일 경우, 단수 취급하여 단수동사로 수일치시킨다.

> **To prevent** anyone from voting [destroy / *destroys] our democracy. 〈기출 응용〉
> 누군가를 투표하지 못하게 막는 것은 우리의 민주주의를 파괴한다.
> **Who** we are [*is / are] a result of choices about who we want to be like. 〈기출 응용〉
> 우리가 누구인지는 우리가 누구 같아지고 싶은지에 대한 선택들의 결과이다.

◆ to부정사구, 동명사구, 또는 that/whether/의문사 명사절이 문장의 주어로 쓰이면 단수 취급하여 단수
동사로 수일치시킨다.

Learning about other countries **helps** students understand their cultures.
다른 나라들에 대해 배우는 것은 학생들이 그들의 문화를 이해하도록 돕는다.

That she passed the exam **is** a miracle. 그녀가 시험에 통과했다는 것은 기적이다.

Whether his new home was good or not **was** not important. He was happy to be in London.
그의 새로운 집이 좋은지 아닌지는 중요하지 않았다. 그는 런던에 있어서 행복했다.

When she will start her study abroad **has** not been decided.
그녀가 언제 해외에서 공부를 시작할 것인지는 아직 정해지지 않았다.

---

compass 나침반　**marvel** 놀라다, 경이로워하다　**rare** 드문, 희귀한　**curiosity** 호기심　**democracy** 민주주의

 **Check Up!**   다음 중 어법상 적절한 것을 고르시오.

01 Lisa decided to stop wasting time and make / making a plan for studying.

02 Either to have dinner or to skip / skipping it is your choice.

03 There will be many activities at the festival, including not only learning traditional dance but also wear / wearing traditional clothes.

04 You can take a shower or do / doing your homework first.

05 I often spend my time after work both reading books and to play / playing the guitar.

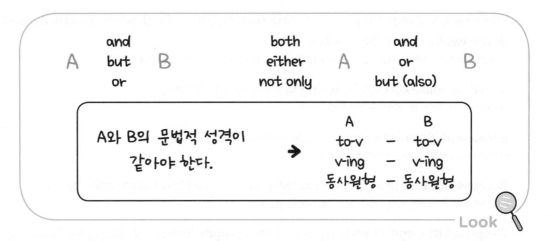

 **Check Up!**   다음 중 어법상 적절한 것을 고르시오.

01 Why the computer reported errors is / are unknown.

02 Not wearing a life vest in swimming pools is / are really dangerous.

03 That Amy ate all the desserts was / were shocking to us.

04 To overcome your fears take / takes time.

05 Whether he is guilty have / has not been revealed.

traditional 전통의   **unknown** 알려지지 않은   **overcome** 극복하다

Point 03 | 전치사 vs. 접속사

전치사 뒤에는 명사(구)가, 절을 이끄는 접속사 뒤에는 「주어+동사」가 갖춰진 절이 온다.

> The wheel and the plow were invented │because / *because of│ the easy access to
> *animal labor.* 〈기출 응용〉 바퀴와 쟁기는 동물 노동의 쉬운 이용 때문에 발명되었다.
>
> *plow 쟁기 (논밭을 가는 농기구)

	전치사(+명사(구))	접속사(+주어+동사)
~ 동안 (시간)	during / for	while
~ 때문에 (이유)	because of / due to	because
~에도 불구하고; 비록 ~이지만	despite / in spite of	though / although

When people camp, they have to make sure they have food, water, electricity, and gas
during(while ×) *their stay.* 〈기출 응용〉
사람들이 캠핑할 때, 그들은 머물러 있는 동안 음식, 물, 전기와 가스를 확실하게 갖췄는지 확실히 해야 한다.

I could do housework **while(during** ×) *my baby was sleeping.*
나의 아기가 자는 동안 나는 집안일을 할 수 있었다.

Because of (Because ×) *rain,* I decided to go to the bank by car.
비 때문에, 나는 차를 타고 은행에 가기로 결정했다.

Because(Because of ×) *rain had started to fall,* I decided to go to the bank by car.
비가 내리기 시작했기 때문에, 나는 차를 타고 은행에 가기로 결정했다.

Despite(Although ×) *various laws and campaigns to prevent texting while driving,* the
number of drivers texting is actually on the rise. 〈기출 응용〉
운전 중에 문자 메시지를 보내는 것을 막는 다양한 법들과 캠페인들에도 불구하고, 문자를 보내는 운전자 수가 사실상 증가하고 있다.

◆ before(~ 이전에), after(~ 이후에)는 전치사/접속사 둘 다로 쓰인다.
Let me know what you need **before** *you leave for the field trip.*
현장 학습을 떠나기 전에 네가 필요로 하는 것을 나에게 알려 줘.
(= ~ **before** *your leaving for the field trip.*)

Our family will travel to Japan **after** *my sister graduates from the school.*
우리 가족은 내 여동생이 학교를 졸업한 후에 일본으로 여행 갈 것이다.
(= ~ **after** *my sister's graduation from the school.*)

---

access 접근; 이용   **labor** 노동, 근로   **electricity** 전기   **texting** 문자 메시지 주고받기 ***text** 글; (휴대전화로) 문자를 보내다

 **Check Up!**   다음 중 어법상 적절한 것을 고르시오.

01 In spite of / Though her attempts to help him, he didn't listen to her advice.

02 I already ordered hamburgers by phone during / while you were studying.

03 She likes to talk with him because / because of he is humorous.

04 Despite / Although she is my best friend, I don't understand why she gets bored so easily.

05 Students couldn't take the test due to / because an error with the test program.

전치사
during / for / because of / due to /
despite / in spite of
+ 명사(구)

접속사
while / because / though / although
+ 주어+동사

Look

---

attempt 시도(하다)   **humorous** 재미있는, 유머러스한

Ⓐ 다음 밑줄 친 부분을 어법과 문맥에 맞게 고쳐 쓰시오.

01 Do you prefer watching TV or <u>to read</u> books on weekends?

02 <u>While</u> the parade, I took a lot of photos with my friends.

03 Forgiving yourself <u>are</u> as important as being forgiven by others.

04 Whether she will stay here or not <u>depend</u> on her state of mind.

05 <u>Despite</u> she didn't feel good, she went to the movies with her friend.

06 She tried to stop complaining about the result and <u>accepting</u> it.

07 To enter this room without permission <u>are</u> not allowed.

08 <u>Because</u> the bad weather, we had to cancel our trip and stay home.

Ⓑ 다음 밑줄 친 부분이 어법상 올바르면 ○표, 어색하면 ×표하고 바르게 고치시오.

01 Both playing the piano and <u>to listen</u> to music were interesting to her.

02 <u>Because</u> I have never been to Canada, I'm always curious about its culture.

03 When the temples were built <u>are</u> uncertain.

04 <u>Although</u> she is young, she is brave enough to travel alone.

05 To sleep enough <u>is</u> essential for your health.

06 She didn't really like going fishing or <u>to go</u> hiking.

07 <u>During</u> she was cooking breakfast, someone knocked on the door.

08 The teacher had her students be silent and <u>focusing</u> on the lecture.

A **permission** 허락, 허가　**B** **temple** 절, 사원　**uncertain** 불확실한 (↔ **certain** 확실한)　**essential** 필수적인　**lecture** 강의, 수업

C 다음 중 어법상 바르지 <u>않은</u> 문장을 <u>모두</u> 고르시오.

01 ① She forgot to turn off the light and lock the door.

② Although her bad condition, she finally reached the top of the mountain.

③ Many people cannot sleep well because the heat during the summer.

④ If you want to be a reliable person, you should not tell lies and keep secrets from others.

⑤ That she won four games was a great achievement.

02 ① To speak both in English and Chinese is one of my goals.

② Though she didn't get a good grade on the test, she was satisfied with the result.

③ You can buy our product by either ordering online or visit our shop.

④ Walking for at least thirty minutes a day are good for your legs.

⑤ Doing yoga is helpful for not only fighting off depression but also keeping one's health.

D 괄호 안의 단어를 어법에 알맞은 형태로 써넣으시오.

01 Experiencing failures _____ you much stronger. (make)

02 I enjoy both diving and _____ in summer. (surf)

03 Why Tom came back from Africa _____ a hot issue among his friends yesterday. (be)

04 Nancy was happy to see him again and _____ with him. (hang out)

05 Both doing exercise and _____ less can help you lose weight. (eat)

06 You should decide either _____ him the truth or to keep it a secret. (tell)

07 Whether we can succeed or not usually _____ on our efforts. (depend)

C **reliable** 믿을 수 있는, 신뢰할 수 있는 **achievement** 성취, 업적 ***achieve** 성취하다, 달성하다 **fight off** ~와 싸워 물리치다 **depression** 우울함
D **hang out** (함께) 시간을 보내다

Chapter Exercises ②

---

01 (A), (B), (C) 각 네모 안에서 어법에 맞는 표현으로 가장 적절한 것은?

Halle Butvin fell in love with Uganda's culture (A) during / while she was traveling there in 2006. She wanted to help female artisans sell their goods, like clothes and accessories. In 2007, she founded One Mango Tree, a fashion company (B) hoping / hopes to help others. Now, it works with many women artisans in Uganda. But One Mango Tree also wants to help communities, so it offers training programs for women and also pays for the children of artisans to go to school. One Mango Tree is doing well financially, but it cares about more than just money. To this company, being successful also (C) mean / means having a positive social effect. It started with a seed of an idea at a market, and it grew into One Mango Tree.

	(A)		(B)		(C)
①	during	—	hopes	—	means
②	during	—	hoping	—	mean
③	while	—	hoping	—	mean
④	while	—	hoping	—	means
⑤	while	—	hopes	—	means

artisan 장인, 기능공
found(-founded-founded) 창립[창설]하다
community 지역사회
offer 제공하다
financially 재정적으로
care about ~에 대해 신경 쓰다
have an effect 영향을 미치다
seed 씨앗

---

02 다음 글의 밑줄 친 부분 중, 어법상 틀린 것은?

Everybody can expect to be ignored, pushed aside, or ① <u>turn</u> away in their lifetime, because rejection is a normal part of life. You may not get a job, or classmates might pick on you. You could be attracted to somebody, but he or she may not like you at all. Any of these things can hurt you very much. That's why, if it happens to you, you shouldn't take it ② <u>personally</u>. Even if a person actually dislikes you, don't let it ③ <u>get</u> you down. Keep exploring your opportunities and ④ <u>taking</u> chances, knowing that you might be rejected but not being afraid of it. Try to meet others and ⑤ <u>keep</u> smiling, and you will have success.

ignore 무시하다
push aside 옆으로 밀치다
turn away 거절하다
lifetime 일생
rejection 거절
*reject 거절하다
pick on ~을 괴롭히다
personally 개인적으로
get down 낙심시키다
explore 찾아내다, 탐험하다
take chances (운에 맡기고) 해보다

어법 Point Summary

Point 01 | 접속사의 병렬구조

| A | and
but
or | B | | both
either
not only | A | and
or
but (also) | B |

A와 B의 문법적 성격이 같아야 한다.	➜		A		B
			to-v	–	to-v
		① _____		–	v-ing
		동사원형		–	② _____

Hint Because she was too busy every day, both washing and feeding her dog were difficult.

Point 02 | 구나 절 주어의 수일치

$\underline{\text{(to부정사구/동명사구/명사절)}}$ + ③ _____
주어

Hint Learning about other countries helps students understand their cultures.
Whether his new home was good or not was not important.

Point 03 | 전치사 vs. 접속사

④ _____
during / for / because of / due to /
despite / in spite of   + 명사(구)

⑤ _____
while / because / though / although   + 주어+동사

Hint I could do housework while my baby was sleeping.
When people camp, they have to make sure they have food, water, electricity, and gas during their stay.

정답 및 해설 p. 26

Part 6
관계사절

Chapter ㉓
관계사절 1

Unit 01 관계대명사의 역할과 격

1. 관계대명사의 개념과 역할

◆ 접속사와 대명사의 역할을 동시에 하는 관계대명사는 관계대명사절을 이끌며, 명사 뒤에서 명사를 수식하는 형용사 역할을 한다.

◆ 선행사란 관계사절의 수식을 받는 명사로 '앞에 있는 말'이라는 의미이다. 선행사가 사람인지 사물인지에 따라 관계대명사의 종류가 결정되고, 관계대명사절 안에서의 역할에 따라 관계대 명사의 격(주격, 소유격, 목적격)이 정해진다.

	사람	사물, 동물	모두 가능
주격	who	which	that
소유격	whose	whose	
목적격	who(m)	which	that

I have *a friend* **who** lives in America. 〈사람 선행사〉 나는 미국에 사는 친구가 한 명 있다.

The shoes **which** I bought were expensive. 〈사물 선행사〉 내가 산 신발은 비쌌다.

2. 주격 관계대명사

◆ 주격관계대명사는 관계대명사절 내에서 주어 역할을 한다.

Julie is *the kind of woman* **who[that]** keeps up with the latest fashions.
줄리는 최신 유행에 뒤처지지 않는 부류의 여성이다.

The bus **which[that]** goes to the airport runs every half hour.
공항으로 가는 버스는 30분마다 운행한다.

3. 소유격 관계대명사

◆ 관계대명사가 관계대명사절 내에서 소유격으로 쓰이면 선행사의 종류에 관계없이 **whose**를 쓴다. 뒤에 소유 대상이 되는 명사와 함께 쓰인다.

The man **whose** wallet was stolen called the police. 지갑을 도둑맞은 남자는 경찰에 전화했다.
(← The man called the police. + **The man's** wallet was stolen.)

> ◎ 수능 첫단추
>
> 관계대명사는 「접속사+대명사」 역할을 하여 절과 절을 연결한다. 또한 관계대명사절의 동 사는 선행사와 수일치시킨다. (➡ Ch ㉕ Point 01 대명사 vs. 관계대명사)
> (➡ Ch ㉕ Point 02 관계사절의 수일치)

CHECKUP 다음 각 문장에서 선행사를 찾아 밑줄을 긋고, 관계대명사절은 [ ]로 표 시하시오.

1 Do you know the man who is looking at us?

2 I like houses which have many windows.

3 I saw a woman whose hair was very long.

keep up with (뉴스·유행 등에 대해) 따라가다 **every half hour** 30분마다

관계대명사절

선행사

I like a cake. + **It** is made of fresh cream.
→ I like *a cake* **which** is made of fresh cream.
나는 생크림으로 만들어진 케이크를 좋아한다.

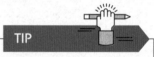

TIP

주격 관계대명사

주격 관계대명사는 관계대명사절에 서 주어 역할을 하므로 별도의 주어 를 쓰지 않는다.

Daniel **who he**(x) came from Canada can't speak Korean well.
캐나다에서 온 다니엘은 한국어를 잘 말하지 못한다.

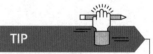

TIP

관계대명사 that을 쓰는 경우

선행사가 -thing으로 끝나거나 the only, the very, 최상급, 서수 등의 수식을 받는 경우 주로 관계대명사 that을 쓴다.

This is *the only picture* **that** I want to have.
이것은 내가 가지고 싶은 유일한 그 림이다.

Practice

A 다음 각 문장의 빈칸에 알맞은 관계대명사를 〈보기〉에서 골라 써넣으시오.

보기   who   whose   which

01   He _____ loses health loses everything.

02   I have a friend _____ mother is a famous actress.

03   There are many buildings _____ were built three hundred years ago.

04   The students _____ were absent from class were punished.

B 다음 중 밑줄 친 부분이 올바르면 ○표, 어색하면 ×표하고 바르게 고치시오.

01   Most people that they travel overseas experience "culture shock."

02   Helen Keller was a great woman who got over many difficulties.

03   I have a neighbor who dog barks all day long.

04   This is the picture which I painted it last month.

05   Why do you blame me for everything that goes wrong?

C 다음 두 문장을 〈보기〉와 같이 관계대명사를 이용하여 한 문장으로 바꿔 쓰시오.

보기   Brian is the only student. + He knows the answer.

➜ Brian is the only student   **who[that] knows the answer** .

01   We watched some boys. + They sang songs in the street.

➜ We watched some boys _____.

02   The river is polluted. + It flows through the city.

➜ The river _____ is polluted.

03   I'm looking for a person. + Her name is Jessica.

➜ _____.

A punish 처벌하다, 벌주다   **B** overseas 해외의, 해외로   **blame A for B** A를 B의 이유로 비난하다   **C** pollute 오염시키다

Unit 02 목적격 관계대명사 & 관계대명사 what

1. 목적격 관계대명사

◆ 목적격 관계대명사는 관계대명사절 내에서 동사나 전치사의 목적어 역할을 한다. 선행사가
  사람이면 who[whom], 사물이면 which를 쓰고, that은 사람/사물에 관계없이 쓴다.

Spend time with *people* **who(m)[that]** you trust. 네가 신뢰하는 사람들과 시간을 보내라.

The pill **which[that]** I took made me sleepy. 내가 먹은 약은 나를 졸리게 했다.

I never found *the book* **which[that]** I was looking for.
나는 내가 찾고 있던 책을 절대 못 찾았다.

◆ 선행사가 전치사의 목적어일 때 전치사는 관계대명사절 끝에 오는 것이 일반적이지만 관계대
  명사 앞에 위치할 수도 있다. 단 관계대명사 who와 that 앞에는 전치사가 오지 않는다.

Don't talk about *things* **which** you know nothing **of**.
= Don't talk about *things* **of which** you know nothing.
네가 전혀 모르는 일에 대해 말하지 마라.

> **TIP**
>
> **목적격 관계대명사**
> 목적격 관계대명사 또한 관계대명사
> 절 내의 목적어에 해당하므로 관계
> 대명사절의 목적어 자리는 비어 있
> 어야 한다.
>
> I forgot to bring *the books* **which**
> I borrowed **them(x)** from my
> friend.
> 나는 내 친구에게 빌린 책들을 가져
> 오는 것을 잊었다.

2. 관계대명사 what

◆ 관계대명사 what은 선행사를 포함하며 the thing(s) that[which] (~하는 것)의 의미이
  다. what이 이끄는 관계대명사절은 명사절로 문장의 주어, 보어, 목적어 역할을 한다.

What(= The thing that[which]) she told me was surprising. 〈주어〉
그녀가 나에게 말한 것은 놀라웠다.

I believe **what** the doctor said about my health. 〈목적어〉
나는 의사가 내 건강에 대해 말한 것을 믿는다.

This bag is **what** I really want. 〈보어〉 이 가방은 내가 정말로 원하는 것이다.

> ◉ 수능 첫단추
>
> • 선행사와의 관계 및 역할을 파악해 who(m)/which/whose를 써야 한다.
>   (➔ Ch ㉕ Point 03 who(m)/which/whose)
> • what과 that의 쓰임 구분은 이어지는 절 구조의 완전/불완전 여부와 선행사의 유무
>   에 따라 판단한다.   (➔ Ch ㉕ Point 05 관계대명사 what vs. 접속사 that)
>   (➔ Ch ㉕ Point 06 관계대명사 what vs. 관계대명사 that)

CHECK UP 다음 각 문장에서 목적격 관계대명사절을 찾아 [ ]로 묶으시오.

1 The woman who I saw in the park was feeding the pigeons.

2 The movie which we went to was interesting.

3 Can you repeat what you said before?

trust 믿다, 신뢰하다 **pill** 알약 **pigeon** 비둘기

Practice

A 다음 중 어법상 적절한 것을 고르시오.

01 The fish that / whom we caught was very big.

02 I have something to say. I lost which / what you bought me as a gift.

03 The people whose / who I greeted at the market are my neighbors.

04 Mother Teresa did everything that / what she could do to help the poor.

05 Two of those which / whom we were supposed to meet didn't turn up.

06 I was late for school today because the bus which / what I take every day didn't come on time.

B 다음 밑줄 친 부분에서 <u>어색한</u> 곳을 찾아 바르게 고쳐 쓰시오.

01 The jacket <u>that are wearing</u> looks good on you.

02 Angela is looking for the cell phone <u>that she lost it</u>.

03 Is this the street <u>on that</u> you live?

04 You'd better review <u>that you have learned</u> every day.

C 다음 두 문장을 관계대명사 what을 이용하여 한 문장으로 바꿔 쓰시오.

01 This booklet explains something. + The actors are going to perform it.

➜ This booklet explains ＿＿＿＿＿＿＿＿＿＿＿＿＿＿＿＿.

02 I will do something. + I can do it to improve my language skills.

➜ I will do ＿＿＿＿＿＿＿＿＿＿＿＿＿＿＿.

03 I may not see you again. + It makes me depressed.

➜ ＿＿＿＿＿＿＿＿＿＿＿＿＿＿＿＿ is that I may not see you again.

A greet ～에게 인사하다; 환영하다　**turn up** 나타나다　**C** booklet 소책자

Ⓐ 다음 각 문장에서 밑줄 친 단어의 역할을 〈보기〉에서 골라 그 기호를 쓰시오.

보기 ⓐ 주격 관계대명사 ⓑ 목적격 관계대명사 ⓒ 명사절 접속사

01 The movie is about a boy <u>who</u> was raised by wolves.

02 I didn't know <u>that</u> he is a famous writer.

03 The woman <u>who</u> I greeted there was my English teacher.

04 He is looking for an assistant <u>that</u> can speak French fluently.

05 The art gallery <u>which</u> you recommended was really good.

Ⓑ 다음 중 어법상 바르지 <u>않은</u> 문장을 고르시오.

01 ⓐ The girl that John was waiting for never came.

ⓑ We ate some mushrooms that were as big as a plate.

ⓒ Is that the lowest price whom you can give me?

02 ⓐ The bus which goes to the station is leaving 20 minutes later.

ⓑ The tourists who we saw at the cafe were very loud.

ⓒ The table which my father made it is not very strong.

03 ⓐ Those who listened to her speech were moved.

ⓑ I really like that my parents prepared for my birthday.

ⓒ He has a pet rabbit whose fur is grey.

A assistant 조수, 보조 **B mushroom** 버섯 **plate** (납작하고 둥근) 접시

C 다음 중 빈칸에 알맞은 것을 고르시오.

01 The man _____ cat bit me didn't apologize.

① who   ② which   ③ whom   ④ that   ⑤ whose

02 The people _____ we visited gave us tea and a light snack.

① who   ② which   ③ what   ④ in which   ⑤ whose

03 Those _____ do not sleep soundly are not likely to grow tall.

① who   ② which   ③ whom   ④ what   ⑤ whose

04 The teacher was satisfied with _____ the student had done for homework.

① who   ② that   ③ which   ④ whom   ⑤ what

D 다음 중 각 문장의 빈칸에 들어갈 말이 순서대로 바르게 짝지어진 것을 고르시오.

> • The artist responded politely to the audience _____ clapped loudly.
>
> • _____ we have to do is to concentrate on the task.

① that — What   ② who — Whose   ③ that — Which

④ which — What   ⑤ which — That

E 다음 중 밑줄 친 부분의 쓰임이 〈보기〉와 다른 하나를 고르시오.

> 보기   This is the same watch <u>that</u> I want to buy.

① I read an article about the festival <u>that</u> was held last week.

② The girl <u>that</u> I was looking at smiled.

③ I think <u>that</u> you should take a rest for some time.

④ I enjoyed the music <u>that</u> we listened to after dinner.

⑤ The DVDs <u>that</u> I borrowed from Jason are fun.

C bite(-bit-bitten) 물다   soundly (잠이 든 모양이) 깊이, 곤히

F 다음 중 어법상 바른 문장을 고르시오.

① This is the best movie that I've ever seen.

② I can't remember the animation about that you told me before.

③ This is a documentary what is about nature.

④ The girl who dog was running in the park was very cute.

⑤ A vegetarian is a person which doesn't eat meat.

G 다음 중 빈칸에 관계대명사 that이 들어갈 수 <u>없는</u> 것을 고르시오.

① This is the opera _____ I've wanted to see for a long time.

② Tell me about the person _____ you respect most.

③ We'll give free tickets to people _____ visit our store ten times.

④ I lost the book _____ I borrowed from the library.

⑤ I can't believe _____ you said without evidence.

H 다음 각 문장에서 <u>어색한</u> 부분을 찾아 바르게 고쳐 쓰시오.

01 This is the restaurant which owner is a very famous chef.

02 The thief what broke into our house was arrested.

03 We're looking for a person whom can take this leadership position.

04 That I want to do now is to sleep.

05 I didn't know most of the guests who they participated in the ceremony.

F **vegetarian** 채식주의자　**G** **evidence** 증거　**H** **thief** 도둑, 절도범　**break into** ~에 침입[잠입]하다　**arrest** 체포하다　**leadership** 대표직; 지도력

👍 서술형 대비

Ⅰ **주어진 우리말과 일치하도록 괄호 안의 단어들을 배열하여 문장을 완성하시오.**

01 나는 그가 내가 의지할 수 있는 유일한 사람이라고 생각한다.

(the only / can / that / person / depend on / I)

➜ I think he is _____.

02 우리는 선생님께서 설명하시는 것을 잘 들어야 한다. (what / teacher / explains / our)

➜ We should listen carefully to _____.

03 우리가 묵었던 호텔은 아주 훌륭했다. (was / which / we / wonderful / stayed at / very)

➜ The hotel _____.

👍 서술형 대비

J **다음 두 문장을 주어진 관계대명사를 이용하여 한 문장으로 바꿔 쓰시오.**

01 Their computer is broken again. + They bought it last month. (which)

➜ Their computer _____ is broken again.

02 I invited some of my classmates. + I get along with them well. (whom)

➜ I invited _____ I get along well.

03 I met many people. + Their cultures were very different from mine. (whose)

➜ I met many people _____.

04 I wanted to buy something. + The thing was the red sweater. (what)

➜ _____ was the red sweater.

| **depend on** ～에 의존[의지]하다; ～에 달려 있다

Unit 01 | 관계대명사의 역할과 격

관계대명사= 접속사+대명사

I have a friend who lives in America.

Julie is the kind of woman who[that] keeps up with the latest fashions.

선행사(사람)   주격 관계대명사

The bus which[that] goes to the airport runs every half hour.

선행사(사물) 주격 관계대명사

The man whose wallet was stolen called the police.

선행사   소유격 관계대명사
(사람 or 사물)

Unit 02 | 목적격 관계대명사 & 관계대명사 what

Spend time with people who(m)[that] you trust.

선행사(사람) 목적격 관계대명사

The pill which[that] I took made me sleepy.

선행사(사물) 목적격 관계대명사

Don't talk about things which you know nothing of.

선행사(전치사의 목적어)

(= Don't talk about things of which you know nothing.)

선행사를 포함하는 관계대명사(=The thing that[which])

What she told me was surprising.

명사절

Chapter ㉔
관계사절 2

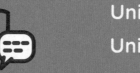

Unit 01 관계부사의 역할

1. 관계부사의 역할

◆ 관계부사는 「접속사+부사(구)」의 역할을 하며 관계대명사와 마찬가지로 형용사절을 이끌어 명사(선행사)를 수식한다. 관계부사는 관계사절 내에서 부사(구)의 역할을 하므로 관계부사가 이끄는 절은 주어, 목적어 등 문장 필수 성분이 빠지지 않고 완전한 구조이다.

I'll never forget **the day**. + I first met you **then**. 《시간의》 부사

→ I'll never forget *the day* **when** I first met you.   나는 내가 처음으로 너를 만난 그 날을 절대 잊지 않을 것이다.

2. 관계부사 when, where, why, how

◆ 선행사의 종류에 따라 관계부사 when, where, why, how를 쓴다.

선행사	관계부사	선행사	관계부사
시간(the time 등)	when	이유(the reason)	why
장소(the place 등)	where	방법(the way)	how

Now is *the time* **when** we have to make a decision.
지금이 우리가 결정을 내려야 하는 시간이다.

A pet dog cafe is *a place* **where** you can enjoy time with your dog.
애견 카페는 당신이 당신의 강아지와 함께 하는 시간을 즐길 수 있는 곳이다.

One reason **why** I like mountains is their fresh air.
내가 산을 좋아하는 한 가지 이유는 상쾌한 공기이다.

◆ how의 경우, the way how로는 쓰지 않고 the way나 how 중 하나만 쓴다.

I will teach you **the way** you can update the program.
= I will teach you **how** you can update the program.
내가 그 프로그램을 업데이트할 수 있는 방법을 너에게 가르쳐 줄게.

> ◎ 수능 첫단추
>
> 관계대명사 뒤에는 불완전한 절이, 관계부사 뒤에는 완전한 절이 온다.
>
> (➔ Ch ㉕ Point 04 관계대명사 vs. 관계부사)

CHECK UP 다음 각 문장에서 선행사를 찾아 밑줄을 긋고, 관계부사절은 [ ]로 표시하시오.

1 Do you remember the park where we met last weekend?

2 I can't think of the reason why he refused our offer.

3 August is the month when the weather is usually the hottest.

4 I'd like to learn the way my grandmother bakes muffins.

offer 제안(하다)   **muffin** 머핀 (컵 또는 롤형으로 구운 케이크)

Practice

A 다음 각 문장의 빈칸에 알맞은 관계부사를 〈보기〉에서 골라 쓰시오. (한 번씩만 사용할 것)

> 보기   when   where   why   how

01 There was a time _____ dinosaurs dominated the earth.

02 Do you know _____ she survived the accident? I will explain from beginning to end.

03 Tell me the reason _____ your teacher got angry.

04 Do you remember the resort _____ we spent our honeymoon?

B 다음 중 밑줄 친 부분이 올바르면 ○표, 어색하면 ×표하고 바르게 고치시오.

01 Cathy visited the town <u>where</u> she was born.

02 The best time of her life was the time <u>which</u> all the family got together.

03 The reason <u>how</u> I don't eat much is that I'm on a diet.

04 It takes time and effort to change the way <u>how</u> you think and act.

05 This is the perfume shop <u>when</u> I have worked for a year.

C 다음 두 문장을 〈보기〉와 같이 관계부사를 이용하여 한 문장으로 바꿔 쓰시오.

> 보기   This is the drawer. I keep my jewelry in the drawer.
> ➔ This is the drawer **where I keep my jewelry**.

01 Dinnertime is a time. Families can discuss their lives at the time.
➔ Dinnertime is a time _____.

02 The hotel wasn't very clean. We stayed at the hotel.
➔ The hotel _____.

03 I can't understand the reason. Mom hates miniskirts for the reason.
➔ I can't understand the reason _____.

04 Minho taught me the way. I could solve the problem in the way.
➔ Minho taught me the way _____.

A dominate 지배하다 **resort** 휴양지, 리조트 **honeymoon** 신혼여행 **B get together** 모이다 **perfume** 향기; 향수 **C drawer** 서랍

Unit 02 관계사의 생략과 보충 설명

1. 관계대명사의 생략

◆ 구어체에서 목적격 관계대명사는 주로 생략할 수 있다. 이때 선행사 뒤에 바로 관계대명사절의 주어, 동사가 이어지므로 관계대명사절의 범위를 정확히 파악해야 한다.

The scientist ∨ **we met** is well known for his research. (who(m)[that] 생략)
우리가 만난 그 과학자는 자신의 연구로 잘 알려져 있다.

The library ∨ **I often go to** has been closed for renovations for a month.
(which[that] 생략) 내가 종종 가는 그 도서관은 한 달째 수리를 위해 닫혀 있다.

2. 선행사 또는 관계부사의 생략

◆ 관계부사의 선행사가 the time, the place, the reason처럼 일반적일 경우 선행사는 생략할 수 있다.

Summer is ∨ **when** people enjoy many water sports. (the time 생략)
여름은 사람들이 많은 수상 스포츠를 즐기는 때이다.

School is ∨ **where** I spend most of my time. (the place 생략)
학교는 내가 내 시간의 대부분을 보내는 곳이다.

I'm too tired. That's ∨ **why** I can't see you now. (the reason 생략)
나는 너무 피곤해. 그것이 내가 지금 너를 볼 수 없는 이유야.

◆ 관계부사 when, why도 종종 생략한다. 이 경우 선행사 뒤에 바로 관계부사절의 주어, 동사가 이어지므로 문장 구조 파악에 주의해야 한다.

The day ∨ **you stop learning** is *the day* ∨ **you stop growing.** (when 생략)

네가 배움을 멈추는 날은 네가 성장을 멈추는 날이다.

The reason ∨ **I'm calling you** is to cancel our appointment. (why 생략)
내가 네게 전화를 하고 있는 이유는 우리의 약속을 취소하기 위한 것이다.

3. 보충 설명하는 관계사절

◆ 관계사절은 선행사 수식 외에, 관계사 앞에 콤마(,)를 쓰고 선행사를 보충 설명할 수 있다. 이때 관계대명사 which는 명사뿐만 아니라 앞의 어구나 절 전체를 보충 설명하기도 한다.

This morning I met *Diane*, **who(m)** I hadn't seen for ages.
오늘 아침에 다이앤을 만났는데, 나는 그녀를 오랫동안 보지 못했었다.

Jim passed his driving test, **which** surprised everybody.
짐은 운전 시험에 합격했는데, 그것은 모두를 놀라게 했다.

CHECKUP 다음 각 문장에서 관계사절을 [   ]로 표시하시오.

1 My son asked me a question I couldn't answer.

2 The couple I invited to dinner was half an hour late.

3 This is a mistake I'm responsible for.

4 I was just about to go out, when he came to see me.

renovation 수리, 수선   **for ages** 오랫동안   **be responsible for** ~에 대해 책임이 있다

TIP

「주격 관계대명사+be동사」의 생략

주격 관계대명사 뒤에 「be동사+분사」가 이어지면 「주격 관계대명사+be동사」는 종종 생략되고 분사만 남는다.

The boy (*who is*) **wearing a hat** is Tom.
모자를 쓰고 있는 저 소년은 톰이다.

TIP

관계부사 vs. 의문사

• 형용사절을 이끄는 관계부사와 명사절을 이끄는 의문사는 선행사의 유무 또는 해석으로 구별할 수 있다. 선행사가 있고 '의문'의 뜻이 없으면 관계부사이다.

Here is *the place* **where** the elephants appear. 〈관계부사: 코끼리들이 나타나는 '곳'〉
여기가 코끼리들이 나타나는 곳이다.

When she will come is not certain.
〈의문사: 그녀가 '언제' 올지〉
그녀가 언제 올지 확실하지 않다.

• 단 선행사가 생략된 경우 관계부사/의문사 둘 다로 해석되어 구별이 모호한 경우가 있다.

I don't know **why** you hate cats.
〈관계부사: 싫어하는 '이유'〉
〈의문사: '왜' 싫어하는지〉

TIP

보충 설명을 하지 않는 that

관계대명사 that은 선행사를 보충 설명하는 용법으로 쓰이지 않는다.

I drank green tea, **which** made me feel good. (**that** ×)
나는 녹차를 마셨는데, 그것은 나를 기분 좋게 만들었다.

Practice

Ⓐ 다음 각 문장에서 관계사가 생략된 부분에 ∨ 표시를 하시오.

01 The pictures you took are excellent.

02 Tonight is the time we will hold a welcoming party for Sandra.

03 The candidate I voted for didn't win the election.

04 He is the man I fell in love with.

05 She forgot to bring the homework she did yesterday.

06 I asked Nara about the reason she has lost so much weight.

07 Discuss anything you have questions about.

Ⓑ 다음 밑줄 친 부분 중 생략할 수 <u>없는</u> 것을 고르시오.

① Jane told me <u>the reason</u> why she broke up with her boyfriend.

② I am the only person <u>that</u> you can trust.

③ Please be quiet during the time <u>when</u> students take a test.

④ I lost my wallet at the amusement park, <u>which</u> made my mom so mad.

⑤ Finally, I've found <u>the place</u> where the concert will be held.

Ⓒ 주어진 우리말과 일치하도록 괄호 안의 단어들을 배열하여 문장을 완성하시오.

01 여기가 네가 친구들과 시간을 보내는 곳이니? (often / where / is / spend / you / this / time)

➜ _____ with your friends?

02 나는 그들이 결혼한 그해 이후로 그들을 보지 못했다. (the year / they / married / got)

➜ I haven't seen them since _____.

03 내가 너에게 편지를 쓰지 않는 이유는 네 주소를 몰랐기 때문이다.

(to / the reason / you / write / didn't / I)

➜ _____ was that I didn't know your address.

04 우리는 뉴욕으로 이사했고, 그곳에서 5년을 살았다. (for / where / lived / five / we / years / ,)

➜ We moved to New York _____.

A **candidate** 후보자 **vote for** ~에 찬성투표를 하다 **election** 선거 **fall in love with** ~와 사랑에 빠지다 **B** **break up with** ~와 헤어지다

Chapter Exercises

A 다음 중 어법상 적절한 것을 고르시오.

01 That was the moment [how / when] I started to trust him.

02 Kate wrote a song about [how / which] she fell in love with John.

03 This is the town [where / which] my family once lived in.

04 I don't know [why / which] he failed the test.

05 There was a time [when / which] people didn't travel around much.

06 I couldn't understand the reason [why / when] he broke our promise.

07 New York is the city [where / how] I lived last year.

08 Winter is the season [when / why] I don't like to take a trip.

B 다음 두 문장을 관계사절로 연결한 것이 바르지 <u>않은</u> 것을 고르시오.

① Parents teach you in certain ways. + You should respect that.

→ You should respect the ways how parents teach you.

② Last year was the year. + I got the job then.

→ Last year was the year when I got the job.

③ I like this library. + I can read many new books at the library.

→ I like this library, where I can read many new books.

④ Please tell me the time. + You will arrive here at that time.

→ Please tell me when you will arrive here.

⑤ I know the reason. + She likes French movies for that reason.

→ I know the reason why she likes French movies.

C 다음 중 각 문장의 빈칸에 들어갈 말이 순서대로 바르게 짝지어진 것을 고르시오.

01

> • I recommend the hotel _____ I stayed in London.
> • Tell me _____ you were crying last night.
> • Please respect _____ other people live.

① where — why — when   ② where — why — how

③ where — how — when   ④ when — how — when

⑤ when — why — how

02

> • Spring is _____ everything gets started.
> • He became a teacher in the school _____ he had been a student.
> • You never said the reason _____ you didn't come to the meeting.

① when — where — how   ② when — how — why

③ when — where — that   ④ how — when — where

⑤ how — when — why

D 다음 문장에서 굵게 표시한 관계사의 선행사를 찾아 밑줄을 그으시오.

01 Cindy broke her finger, **which** made her family worried about her.

02 I made some traditional Korean clothing, **which** is called 'Hanbok.'

03 The soccer player, **who** scored two goals, was selected as an MVP of the game.

04 He tells me to look right and left before crossing the road, **which** is a rule to prevent accidents.

C recommend 추천하다   **D score** 득점하다; 획득하다

다음 중 어법상 바른 문장을 고르시오.

01 ⓐ I can't guess where she always comes home so late.

ⓑ Will you tell me the way which you could memorize all those words?

ⓒ My father often misses when he was a student.

02 ⓐ This is the building where I lived last year.

ⓑ She'll never forget the time why her daughter first spoke.

ⓒ Let's meet at the subway station when we met last time.

F 다음 각 문장의 밑줄 친 부분 중 생략할 수 <u>없는</u> 것을 고르시오.

① I bought a new laptop <u>that</u> I had wanted for a long time.

② The man <u>who</u> I was looking for was at the cafe.

③ He didn't buy the jacket <u>which</u> was too expensive.

④ I really like the poem <u>which</u> Tony wrote for me.

⑤ I don't know <u>the reason</u> why she was late.

G 다음 중 밑줄 친 부분이 올바르면 ○표, 어색하면 ×표하고 바르게 고치시오.

01 I visited the church <u>where</u> is the newest in this city.

02 I like the time <u>how</u> my father teaches me basketball.

03 The island you stayed on is <u>where</u> I stayed last vacation.

04 She went to the senior center <u>when</u> her family often goes to help old people.

05 Amy went to the bookstore, <u>where</u> she met her teacher.

G **senior center** 양로원 *****senior** 연장자; 노인

👍 **서술형 대비**

Ⓗ 다음 두 문장을 〈보기〉의 관계사 중 하나를 이용하여 한 문장으로 고쳐 쓰시오.

보기	when	where	why	which

01 I left home at six. + Susan visited my house then.

→ I left home at six, _____.

02 Can you tell me the reasons? + You made that decision for some reasons.

→ Can you tell me the reasons _____?

03 This big garden is a wonderful place. + Students can experience nature there.

→ This big garden is a wonderful place _____.

04 I couldn't attend Sally's graduation. + It made her sad.

→ I couldn't attend Sally's graduation, _____.

문법, 문장으로 정리하자!
Summary with Sentences

Unit 01 관계부사의 역할

Now is the time when we have to make a decision.
선행사: 시간 └ 관계부사

A pet dog cafe is a place where you can enjoy time with your dog.
선행사: 장소 └ 관계부사

One reason why I like mountains is their fresh air.
선행사: 이유 └ 관계부사

I will teach you how you can update the program.
관계부사 how: how 또는 선행사 the way 둘 중 하나만 쓴다.

Unit 02 관계사의 생략과 보충 설명

The scientist (who(m)[that]) we met is well known for his research.
목적격 관계대명사의 생략

August is (the time) when my family spends time in Hawaii.
관계부사 선행사의 생략

The reason (why) I'm calling you is to cancel our appointment.
관계부사의 생략

This morning I met Diane, who(m) I hadn't seen for ages.
선행사를 보충 설명하는 관계사절

Chapter ㉕
수능 빈출 어법 6

관계대명사는 어법으로 자주 출제되며
빈출 포인트도 다양하다.
관계사절이 포함된 문장의 구조와 선행사
등을 확실하게 파악해야 관계사절의 수식을
받는 주어의 수일치, 선행사와 관계대명사절
내 동사의 수일치, 문맥에 알맞은 관계사 넣기
등의 어법 포인트를 해결할 수 있다.

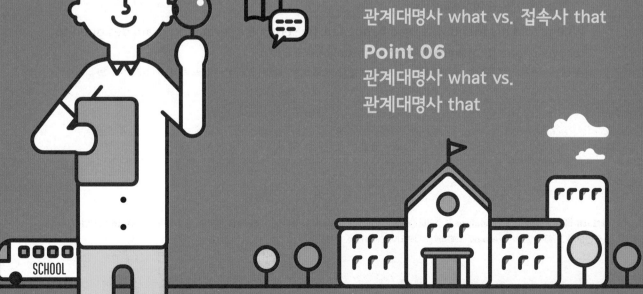

Point 01 | 대명사 vs. 관계대명사

관계대명사(접속사+대명사)는 대명사이면서 두 개의 절을 연결한다. 대명사는 접속사 없이 절을 연결할 수 없다.

> He fastened a floating mark to the rock with a strong chain, on top of | it / *which | a bell was attached. 〈기출 응용〉 그는 부표를 단단한 사슬로 바위에 묶었는데, 그 꼭대기에는 종이 달려 있었다.
>
> *floating mark 부표(물 위에 띄워 표적으로 삼는 물건)

She invited me to *her house*, **which**(= **and it**) was near the ocean.
그녀는 나를 그녀의 집으로 초대했는데, 그 집은 바다 근처에 있었다.

I ordered *a steak*, **which**(= **and it**) was the best I've ever had.
나는 스테이크를 주문했는데, 그것은 내가 지금까지 먹어본 중의 최고였다.

This is *the photo* **which** was taken at the snow festival. (**it** ✕) 이것은 눈 축제에서 찍힌 사진이다.

Point 02 | 관계사절의 수일치

문장의 동사는 문장의 주어와 수일치시키고, 관계대명사절 내의 동사는 선행사와 수일치시킨다.

> In the 1830s, scientists in England analyzed *all the things* [that | was / *were | in the bark of a certain plant]. 〈기출 응용〉 1830년대에 영국의 과학자들이 특정 식물의 껍질에 있는 모든 것들을 분석했다.

◆ 주어가 관계사절의 수식을 받는 경우, 주어 – 동사 수일치에 주의한다.

All the flights [that were scheduled to depart today] **are** canceled.

오늘 출발하기로 예정되었던 모든 항공편들이 취소되었다.

◆ 주격 관계대명사 who, which, that 다음에 이어지는 관계대명사절 내의 동사의 수는 관계대명사가 대신하는 선행사의 수에 일치시킨다.

When I told my friend what had happened, he sent me a certain program designed to recover *photos* [that **were** deleted by mistake]. 〈기출 응용〉
내가 친구에게 무슨 일이 일어났는지 얘기하자, 그는 실수로 지워진 사진들을 복구하도록 만들어진 어떤 프로그램을 나에게 보내 줬다.

---

attach 붙이다, 첨부하다　**analyze** 분석하다 ***analyst** 분석가　**bark** 나무껍질　**depart** 떠나다, 출발하다　**design** 디자인(하다), (특정한 용도로) 만들다　**recover** 회복하다; 회복되다　**delete** 삭제하다

✔ Check Up!   다음 중 어법상 적절한 것을 고르시오.

01   I helped an old lady ⟨she / who⟩ was looking for the hospital.

02   James gave me some chocolate, ⟨it / which⟩ made me feel good.

03   John cooked spaghetti for me, and ⟨it / which⟩ was really delicious.

04   He bought me a perfume ⟨it / which⟩ has the scent of rose.

05   There is a man, and ⟨he / who⟩ wants to apply for this position.

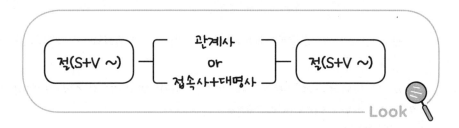

✔ Check Up!   다음 중 어법상 적절한 것을 고르시오.

01   Some of the books that I have ⟨is / are⟩ travel guidebooks.

02   The hotel where my husband and I will stay ⟨is / are⟩ located downtown.

03   I want to live in a house that ⟨look / looks⟩ over the river.

04   My sister who works in a welfare office for the poor ⟨is / are⟩ interested in welfare.

05   The people who I invited to my house ⟨was / were⟩ very nice and kind.

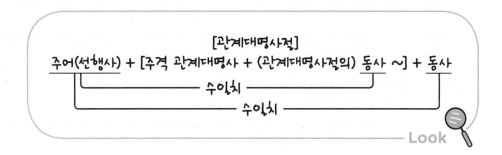

scent 향기   **welfare** 복지

Point 03 | who(m) / which / whose

관계대명사와 선행사와의 관계 및 관계사절 내에서의 역할을 파악해 주격/소유격/목적격 중 어느 것이 적절한지 파악해야 한다.

> He is *an economic historian* [*whose / which] work has centered on the study of business history. 〈기출 응용〉 그는 연구가 경영사 연구에 집중된 경제사학자이다.
>
> I have *an acquaintance* [*who / whom] calls me by the wrong first name. 〈기출 응용〉
> 나는 나를 틀린 이름으로 부르는 지인이 있다.
>
> *acquaintance 아는 사람, 지인

◆ 관계대명사의 격은 관계대명사절 내에서 하는 역할에 의해 결정되므로 절에서 빠져 있는 문장 요소를 파악하면 알 수 있다.

Most professors see themselves in a position of *professional authority* **which** they earned
● by many years of study. 〈기출 응용〉
└ 목적어가 있던 자리
대부분의 교수들은 그들 스스로가 그들이 여러 해 동안의 연구에 의해 얻은 전문가적인 권위의 위치에 있다고 생각한다.

He showed me *the car* **whose** ● engine was out of order. 그는 나에게 엔진이 고장 난 차를 보여 주었다.
└ 소유격 대명사가 있던 자리

Point 04 | 관계대명사 vs. 관계부사

관계사 뒤의 절 구조의 완전/불완전 여부로 관계대명사와 관계부사를 구분한다.

> At the most advanced levels, Double Dutch is being done as an extreme competition
> sport [*where / which] groups of kids are doing high-energy dances. 〈기출 응용〉
>   S'   V'   O'
> 최상급 수준에서 더블 더치는 아이들 무리가 강렬한 에너지의 춤을 추는 격렬한 경쟁 스포츠로 행해지고 있다.
>
> *Double Dutch 두 개의 줄을 서로 반대쪽으로 돌리는 줄넘기 놀이

◆ 관계사절 내에서 관계대명사는 대명사 역할을 하므로 뒤에 불완전한 구조의 절이 오지만, 관계부사는 수식어(부사) 역할을 하여 뒤에 완전한 구조의 절이 온다.

This is *the city* **which** is famous for its night scene. 〈관계사절 불완전(주어 없음)〉 이곳은 야경으로 유명한 도시이다.
I'll visit *the city* **where** I was born. 〈관계사절 완전(주어+동사)〉 나는 내가 태어난 도시를 방문할 것이다.

◆ 일반적으로 관계대명사의 선행사는 사람/사물/동물을 나타내는 명사이고, 관계부사의 선행사는 장소/시간/이유/방법을 나타내는 명사이다. 하지만 선행사만 보고 판단하지 않도록 주의한다.

Do you know *a place* **which** is quiet and comfortable to take a rest?
너는 쉬기에 조용하고 편안한 장소를 아니?
Tomorrow is *the day* **which** I've waited for a long time. 내일은 내가 오랫동안 기다려 온 날이다.

---

economic 경제의　**historian** 역사학자　**center on** ~에 집중되어 있다　**professional** 전문적인; 직업의　**authority** 권위　**earn** (돈·지위를) 벌다, 얻다　**out of order** 고장 난　**advanced** 고급의; 선진의 ***advance** 전진(하다), 발전(하다)　**extreme** 과격한; 극도의

✓ **Check Up!** 다음 중 어법상 적절한 것을 고르시오.

01 He is my neighbor who / whose is a very famous designer.

02 Do you have another bag which / whose strap is longer than this one?

03 Tim didn't like the jacket which / who his mother bought for him.

04 I know a woman who / which can tell us about the accident.

05 The police were looking for a boy whose / which name was Sam.

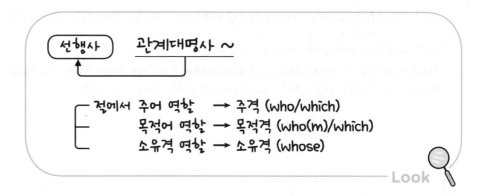

✓ **Check Up!** 다음 중 어법상 적절한 것을 고르시오.

01 I forgot the place which / where I parked my car.

02 She remembers the day which / when I first saw her.

03 I'm looking for an apartment which / where is near from my office.

04 I don't know the reason why / which she was absent from school.

05 That was the moment which / when I would like to forget about.

관계대명사 + ●+V′(+O′) (● = 주어가 있던 자리)
　　　　　　　S′+V′+● (● = 목적어가 있던 자리)　(불완전한 절을 이끎)
　　　　　　　...
관계부사 　+ S′+V′(+O′) (완전한 절을 이끎)

— Look

strap 끈, 줄, 띠

Point 05 | 관계대명사 what vs. 접속사 that

that 또는 what이 이끄는 절의 문장 요소(주어/목적어 등)가 완전한지 살펴본다.

> One cool thing about my Uncle Arthur was **what** he could always pick the best places
> to camp. 〈기출 응용〉　　　　　　　　　　　(→ **that**) S'　　　V'　　　　O'
> 내 삼촌 아서에 관한 한 가지 멋진 것은 그가 캠핑하기에 가장 좋은 장소를 언제나 고를 수 있다는 것이었다.

◆ 접속사 that은 뒤에 완전한 구조의 명사절을 이끌지만, 관계대명사 what은 뒤에 불완전한 구조의 명사절을 이끈다.

I don't believe **what** they say ● without evidence. 나는 그들이 증거 없이 말하는 것을 믿지 않는다.
　　　　　　　　관계대명사　S'　V'　O'(목적어가 있던 자리)

It is better **that** you make your mistakes early on rather than later in life. 〈기출 응용〉
　　　　　　　접속사　S'　V'　　O'
당신은 실수를 인생 후반에서보다는 초반에 하는 것이 더 낫다.

Plastics are synthetic materials. It means **that** they are made from chemicals in factories.
플라스틱은 합성 물질이다. 그것은 플라스틱이 공장에서 화학 물질로 만들어진다는 것을 의미한다.　　　　　〈기출 응용〉

Point 06 | 관계대명사 what vs. 관계대명사 that

that과 what 모두 관계대명사로서 뒤에 불완전한 절이 온다. 따라서 선행사의 유무로 구별한다.

> Advertising helps people compare goods and make purchases so that they get [that /
> ***what**] they desire ●. 〈기출 응용〉 광고는 사람들이 자신이 바라는 것을 얻도록 물건을 비교하고 구매하게 돕는다.
> 　　　　　　　└ 목적어가 있던 자리

◆ 관계대명사 that이 이끄는 절은 앞에 선행사가 있어야 한다. 반면에 관계대명사 what은 선행사를 포함하고 있어 앞에 선행사가 따로 없다.

Tell me *the story* **that** you read. 네가 읽은 이야기를 내게 말해 줘.

Tell me **what** you read. 네가 읽은 것을 내게 말해 줘.

Foraging is *a method* **that** has been used for a long time and is possibly the oldest method
of searching for food. 〈기출 응용〉
수렵 채집은 오랫동안 사용되어 왔고 아마도 가장 오래된 먹이 탐색 방법이다.

Certainly he had an unusual mind and an incredible ability to see **what** others didn't see.
분명히 그는 색다른 생각과 다른 사람들이 보지 못하는 것을 보는 믿을 수 없는 능력을 가졌다.　　　　　〈기출 응용〉

---

early on 초기에　**synthetic** 합성한, 인조의　**material** 재료, 물질　**chemical** 화학의; 화학 물질　**purchase** 구입(하다), 구매(하다)
foraging 수렵[사냥]과 채집　**possibly** 아마도　**unusual** 특이한, 색다른　**incredible** 믿을 수 없는

✔ Check Up!　다음 중 어법상 적절한 것을 고르시오.

01 Do you remember $\boxed{\text{that / what}}$ I showed you before?

02 I noticed $\boxed{\text{that / what}}$ he was not listening to me.

03 The truth is $\boxed{\text{that / what}}$ he was not there.

04 $\boxed{\text{That / What}}$ you have to do is to make a list of participants at the meeting.

05 The result was $\boxed{\text{that / what}}$ the analysts had expected.

접속사 that + S´+V´(+O´)
　　　　　 완전한 절

관계대명사 what + V´(+O´) (S´ 없음)
　　　　　　 S´+V´+● (O´ 없음)
　　　　　　　　 …
　　　　　　　 불완전한 절

Look

✔ Check Up!　다음 중 어법상 적절한 것을 고르시오.

01 This is the present $\boxed{\text{that / what}}$ I bought for her last year.

02 Don't put off $\boxed{\text{that / what}}$ you have to do now.

03 I was moved by $\boxed{\text{that / what}}$ he did for me.

04 That is the house $\boxed{\text{that / what}}$ she dreamed of.

05 I finally found the restaurant $\boxed{\text{that / what}}$ I had been looking for.

선행사 ＋ that ~
　　↑＿＿＿＿＿＿＿ 앞에 있는 선행사를 수식하는 관계대명사절

✕ ＋ what ~
　　　선행사를 포함하는 관계대명사절

Look

---

move 움직이다; 옮기다; (마음을) 감동시키다

Chapter Exercises ①

A 다음 밑줄 친 부분을 어법과 문맥에 맞게 고쳐 쓰시오.

01 The problem is <u>what</u> he keeps saying lies.

02 That's the reason <u>which</u> he refused to come.

03 I found the picnic table <u>it</u> I wanted to buy on the Internet.

04 The food of the restaurant is not <u>that</u> I expected when I saw it on the website.

05 Can you see the man in a black suit who <u>are</u> holding flowers?

06 Kate is the only person <u>whose</u> believes him.

07 The battery which is used in this vacuum cleaner <u>have</u> to be charged every 3 days.

B 다음 각 밑줄 친 부분이 어법상 올바르면 ○표, 어색하면 ×표하고 바르게 고치시오.

01 My brother who traveled in Australia with his friends <u>want</u> to live there.

02 My friend <u>whose</u> majored in mathematics is teaching math at a high school.

03 You can easily get the books <u>which</u> will give you information about this city.

04 Be careful about <u>that</u> you think and say.

05 I ordered three books which <u>is</u> useful for caring for babies.

06 My mom told me <u>how</u> she ironed this shirt.

07 The room where you would stay <u>has</u> the most beautiful view in this hotel.

C 다음 중 어법상 바르지 <u>않은</u> 문장을 <u>모두</u> 고르시오.

01 ① Please write about the person whom you consider your best friend.

② We are planning to visit the city which we first met ten years ago.

③ Help is needed for families whose homes were destroyed by the flood.

④ This is the word what I don't understand.

⑤ What I want to buy is that white one, but it isn't on sale.

A charge 충전하다; (요금을) 청구하다   **vacuum cleaner** 진공청소기   **B** **major in** ~을 전공하다   **iron** 다림질하다   **C** **flood** 홍수

02 ① Ken has no friends whom he can discuss the matter with.

② The girl who was hurt in the accident is my cousin.

③ My sister who dream is to be a lawyer studies hard.

④ This is the place where they found the lost dog.

⑤ Think about that you should do first.

Ⓓ 다음 각 문장의 빈칸에 알맞은 말을 〈보기〉에서 골라 쓰시오.

> 보기   who   which   why   when   what

01 Try these cookies _____ I've baked just now.

02 The day _____ I should finish this project is this Friday.

03 Do you know _____ she left so early yesterday?

04 I can't believe _____ my son did in the school.

05 My nephew _____ is in New York speaks English very well.

Ⓔ 주어진 우리말과 일치하도록 괄호 안의 단어를 어법에 알맞은 형태로 써넣으시오.

01 무라카미 하루키에 의해 쓰인 책들은 내가 가장 좋아하는 것이다. (be)

➔ The books which were written by Murakami Haruki _____ my favorite.

02 그들이 할 수 있는 유일한 것은 다음 버스를 기다리는 것이었다. (be)

➔ The only thing that they could do _____ to wait for the next bus.

03 이 보육원에는 도움과 배려가 필요한 많은 아이들이 있다. (need)

➔ There are many children in this orphanage who _____ help and concern.

E **orphanage** 보육원   **concern** 걱정, 배려; 관심사

Chapter Exercises ②

01 **(A), (B), (C) 각 네모 안에서 어법에 맞는 표현으로 가장 적절한 것은?**

Scientists believe that the first Americans came from Asia. These people were probably hunters from (A) what / which is now northern China, Korea, or Siberia. Many thousands of years ago, they crossed over from Asia to Alaska. From there, they spread all through North and South America. The evidence, which comes from many studies, (B) lie / lies in archaeological finds, teeth, and DNA. The teeth and DNA of the earliest native Americans are very similar to (C) that / those of people today in northern Asia.

*archaeological 고고학의

	(A)		(B)		(C)
①	what	—	lie	—	that
②	what	—	lies	—	those
③	what	—	lies	—	that
④	which	—	lie	—	those
⑤	which	—	lies	—	that

spread 퍼지다
lie in ∼에 놓여 있다
find 발견물
native 원주민의

02 **다음 글의 밑줄 친 부분 중, 어법상 틀린 것은?**

Everyone has experience making decisions in life that ① <u>have</u> more important results than others. They are the ones ② <u>what</u> will influence the direction our lives take. These include choices from educational issues to our relationships, including the person ③ <u>who</u> might become our life partner. It is understood that these types of decisions will arise and will cause our life to shift in one direction or ④ <u>another</u>. Still, it is a burden to deal with these decisions, ⑤ <u>as</u> they are generally accompanied by a great deal of mystery: it is impossible to predict their long-term results.

arise 생기다, 발생하다
shift 바뀌다, 변하다; 변화, 교체
burden (마음의) 부담, 짐
accompany 수반하다, 동반하다
predict 예측하다, 예상하다
long-term 장기의, 장기간에 걸친 (↔ **short-term** 단기의)

Point 01 | 대명사 vs. 관계대명사

절(S+V ~) ─┬─ 관계사 or ─┬─ 절(S+V ~)
　　　　　　└─ ① _____ ─┘

Point 02 | 관계사절의 수일치

[관계대명사절]

주어(선행사) + [주격 관계대명사 + (관계대명사절의) **동사** ~] + **동사**
　　　　　　└──────── 수일치 ────────┘
　　　　　　　　② _____

Point 03 | who(m) / which / whose

선행사 ← 관계대명사 ~

┌─ 절에서 주어 역할　→ 주격 (who/which)
├─　　　　목적어 역할　→ ③ _____ (who(m)/which)
└─　　　　소유격 역할　→ ④ _____ (whose)

Point 04 | 관계대명사 vs. 관계부사

⑤ _____ + ●+V'(+O')　　　　⑥ _____ + S'+V'(+O')
(불완전한 절을 이끎)　S'+V'+●　　　　　　(완전한 절을 이끎)
　　　　　　　　　　...

Point 05 | 관계대명사 what vs. 접속사 that

접속사 that + S'+V'(+O')　　　　　관계대명사 what + V'(+O') (S' 없음)
　완전한 절　　　　　　　　　　　　　　　　S'+V'+● (O' 없음)
　　　　　　　　　　　　　　　　　　　　　　...
　　　　　　　　　　　　　　　　　　　⑦ _____

Point 06 | 관계대명사 what vs. 관계대명사 that

선행사 + that ~　　　　　　　　　　× + ⑧ _____ ~
　└─ 앞에 있는 선행사를　　　　　　　　　선행사를 포함하는 관계대명사절
　　　수식하는 관계대명사절

정답 및 해설 p. 35

Memo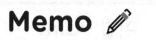

Memo ✏️

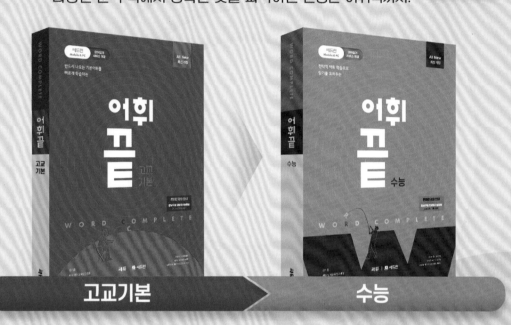
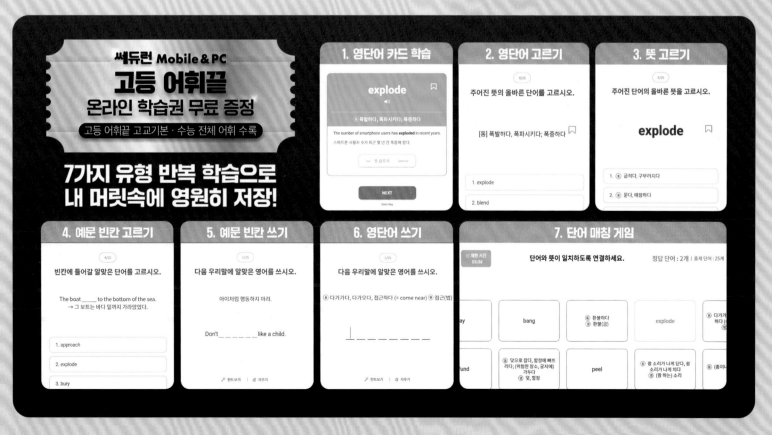

쎄듀런

① 구문   판매 1위 '천일문' 콘텐츠를 활용하여 정확하고 다양한 구문 학습

(끊어읽기) (해석하기) (문장 구조 분석) (해설·해석 제공) (단어 스크램블링) (영작하기)

② 문법·서술형   쎄듀의 모든 문법 문항을 활용하여 내신까지 해결하는 정교한 문법 유형 제공

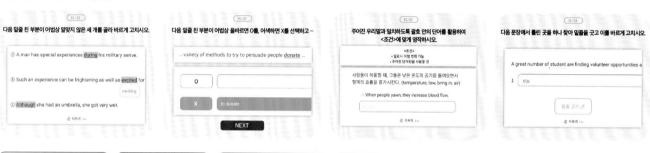

(객관식과 주관식의 결합) (문법 포인트별 학습) (보기를 활용한 집합 문항) (내신대비 서술형) (어법+서술형 문제)

③ 어휘   초·중·고·공무원까지 방대한 어휘량을 제공하며 오프라인 TEST 인쇄도 가능

(영단어 카드 학습) (단어 ↔ 뜻 유형) (예문 활용 유형) (단어 매칭 게임)

④ 선생님 보유 문항 이용

(Online Test) (OMR Test)

내신 만점을 위한 체계적 영작 훈련!

올쏨(All쏨)
서술형 시리즈

올쏨 1권
기본 문장 PATTERN

1. 영작 초보자에게 딱!
2. 빈출 기본 동사 351개 엄선
3. 16개 패턴으로 문장 구조 학습

올쏨 2권
그래머 KNOWHOW

1. 5가지 문법 노하우
2. 우리말과 영어의 차이점 학습
3. 서술형 내신 완벽 대비

올쏨 3권
고등 서술형 RANK 77

1. 고등 전체 학년을 위한 실전 서술형
2. 전국 216개 고교 기출 문제 정리
3. 출제 빈도순 77개 문법 포인트
   전격 공개

첫단추
BASIC

문법·어법편 2

정답 및 해설

첫단추 BASIC

문법·어법편 2

정답 및 해설

Part 4 준동사

Chapter ⑭ 부정사

Unit 01 명사 역할의 to부정사 본문 p.16

CHECK UP

1. **to cheat during a test: S'** 시험을 보는 동안 커닝하는 것은 잘못된 것이다.
   해설 to부정사구가 주어로 쓰여 가주어 It이 문장 앞에 쓰인 경우이다.

2. **to be a great reporter: C** 나의 소원은 훌륭한 기자가 되는 것이다.
   해설 주어 My wish의 보어가 to부정사구이다.

3. **to make a snowman in the winter: O** 나는 겨울에 눈사람 만드는 것을 정말 좋아한다.
   해설 동사 like의 목적어로 '~하는 것을'의 의미이다.

Practice

Ⓐ

01 **to have** 해외여행을 위해 여권을 소지하는 것이 필수적이다.
   해설 It은 가주어이고 뒤에 진주어가 필요하므로 to부정사가 적절.

02 **to be** 난 늦지 않을 거야. 제시간에 갈 것을 약속해.
   해설 문맥상 promise의 목적어 역할을 하는 to부정사가 와야 하므로 to be가 적절.

03 **not to buy** 그는 결국 휴대폰을 사지 않는 것에 동의했다.
   해설 to부정사의 부정형은 not을 to부정사 앞에 붙이므로 not to buy가 적절.

04 **how to skate** 나는 여섯 살 혹은 일곱 살 때쯤 스케이트 타는 법을 배웠다.
   해설 「how+to-v」는 '~하는 방법'을 의미.

05 **not to eat** 아이들에게는 단것을 먹지 않는 것이 어렵다.
   해설 It은 가주어이고 진주어 필요한 자리이므로 to부정사의 부정형 not to eat이 적절.

Ⓑ ②
   해설 문맥상 동사 want의 목적어 자리이므로 be→to be가 적절.
   ① 인터넷을 검색하는 것은 재미있다.
   ② 너는 미래에 무엇이 되길 원하니?
   ③ 어떤 한 가지 음식을 너무 많이 먹지 않는 것이 중요하다.
   ④ 내가 가장 좋아하는 취미는 나와 친구들의 사진을 찍는 것이다.
   ⑤ 그는 그녀에게 그녀의 얼굴과 손을 어디에서 씻어야 하는지 보여 주었다.

Ⓒ
〈보기〉 운동하는 것은 많은 돈이 들지 않는다.

01 **It is up to her to decide what to buy.** 무엇을 사야 하는지 결정하는 것은 그녀에게 달려 있다.

02 **It is always interesting to hear your old stories.** 너의 옛 이야기들을 듣는 것은 언제나 재미있다.

03 **It is important to recycle paper, glass and cans.** 종이, 유리 및 캔을 재활용하는 것은 중요하다.

Unit 02 형용사 역할의 to부정사 본문 p.18

CHECK UP 1

1. **several books** 나는 사야 할 여러 권의 책들이 있다.
2. **a hotel** 우리는 파리에서 묵을 호텔을 예약할 것이다.
   해설 a hotel은 전치사 at의 목적어에 해당한다.

CHECK UP 2

1. **결혼할 예정이다** 그들은 다음 달에 결혼할 예정이다.
   해설 예정을 나타내는 「be+to-v」.

2. **아픈 것 같다** 샘은 아픈 것 같다.
   해설 「seem+to-v」는 '~인 것 같다'의 의미.

Practice

Ⓐ

01 **형** 우리는 연극이 시작하기 전에 때워야 할 한 시간이 있다.
   해설 명사구 an hour를 수식한다.

02 **명** 매일 운동하는 것은 쉽지 않다.
   해설 가주어 It이 앞에 있고 진주어로 쓰여 명사 역할을 한다.

03 **명** 환경을 보호하는 것은 중요하다.

04 **형** 그 앞치마는 물건들을 넣을 주머니가 없다.
   해설 명사 pocket을 수식한다.

05 **형** 마실 것 좀 드릴까요?
   해설 대명사 something을 수식한다.

06 **명** 나는 그 잘생긴 소년을 다시 만나길 희망한다.
   해설 동사 hope의 목적어로 쓰였다.

07 **형** 케이트는 그 남자가 누군지 아는 것 같다.
   해설 동사 seem의 보어로 주어를 보충 설명한다.

08 **형** 너는 여기에 여섯 시 전에 돌아와야 한다.
   해설 의무를 나타내는 「be+to-v」 형태로 쓰였다.

B

01 **to talk to** 나는 파티에서 헬렌을 봤지만 우리는 서로 말할 기회가 없었다.

해설 a chance를 뒤에서 수식하는 형용사 역할의 부정사이므로 to talk to가 적절.

02 **visit** 우리는 이번 주말에 내 조부모님의 집을 방문할 예정이다.

해설 예정을 나타내는 「be+to-v」가 되어야 하므로 visit로 고쳐야 적절.

03 **to know** 그는 그 문제에 대해 아무것도 모르는 것 같다.

해설 「seem+to-v」는 '~인 것 같다'의 의미.

04 **to write on** 너는 내게 쓸 종이 한 장을 더 줄 수 있니?

해설 write on another piece of paper가 되어야 하므로 to부정사 뒤에 전치사 on이 필요하다.

05 **not to know** 알렉스는 라디오를 켜는 방법을 모르는 것 같다.

해설 주어를 서술하는 「appear+to-v」 자리이며 to부정사의 부정형은 앞에 not 또는 never를 붙이므로 not to know로 고쳐야 적절.

C

01 give me something to eat

02 are to clean your room

03 She seems to have

04 to talk about my troubles with

Unit 03   부사 역할의 to부정사   본문 p.20

CHECK UP

1. **never to return** 데이비드는 아프리카로 가서 결코 돌아오지 않았다.

해설 「never+to-v」는 '(~하여) 결코 …하지 않다'의 결과의 의미를 나타낸다.

2. **enough to** 나의 선생님께서는 내 잘못들을 용서하실 만큼 충분히 관대하시다.

해설 「형용사[부사]+enough to-v」는 '~할 만큼 충분히 …한[하게]'의 의미.

3. **too small** 그 재킷은 입기에 너무 작다.

해설 문맥상 부정의 의미가 자연스러우므로 「too+형용사[부사]+to-v」가 적절. '너무 ~해서 …할 수 없다'의 의미.

Practice

A

01 **in order not to be** 우리는 우리의 수업에 늦지 않기 위해 서둘렀다.

해설 in order to-v의 부정형은 in order not to-v이다.

02 **to be** 그들 모두는 이러한 때에 살아 있고 건강해서 다행이라 느낀다.

해설 감정 형용사 lucky의 '원인'을 나타내는 to부정사의 부사적 용법이므로 to be가 적절.

03 **rich enough** 나는 매일 외식할 만큼 충분히 부유하지는 않다.

해설 '~할 만큼 충분히 …한'이라고 말할 때는 「형용사[부사]+enough+to-v」 어순으로 쓴다.

04 **to take care of** 올리버는 너무 어려서 혼자 그의 개를 보살필 수 없다.

해설 문맥상 부정의 의미가 자연스러우므로 '너무 ~해서 …할 수 없다'의 의미인 「too+형용사[부사]+to-v」가 적절.

B

01 **in order to**

해설 '~하기 위해'의 의미의 in order to가 적절.

02 **too busy to**

해설 문맥상 부정의 의미를 나타내는 「too+형용사[부사]+to-v」가 적절.

03 **enough to**

해설 문맥상 '~할 만큼 충분히 …한[하게]'의 의미인 「형용사[부사]+enough+to-v」가 적절.

C

〈보기〉 나는 멋진 여자 친구가 있다. 나는 운이 좋다. → 멋진 여자 친구가 있다니 나는 운이 좋다.

01 **Nancy was happy to get a gift from her best friend.** 낸시는 그녀의 가장 친한 친구로부터 선물을 받았다. 그녀는 행복했다. → 낸시는 그녀의 가장 친한 친구로부터 선물을 받아서 행복했다.

02 **Mom was angry to see my room in a mess.** 엄마는 내 방이 어질러져 있는 것을 보셨다. 그녀는 화가 나셨다. → 엄마는 내 방이 어질러져 있는 것을 보시고 화가 나셨다.

〈보기〉 나는 오븐을 청소했다. 나는 약간의 쿠키를 굽기를 원했다. → 나는 약간의 쿠키를 굽기 위해 오븐을 청소했다.

03 **My sister is studying hard to do well on the exam.** 나의 여동생은 열심히 공부하고 있다. 그녀는 시험을 잘 보기를 원한다. → 나의 여동생은 시험을 잘 보기 위해서 열심히 공부하고 있다.

04 **We stopped at a rest area to take a short rest.** 우리는 휴게소에서 멈췄다. 우리는 짧은 휴식을 취하고 싶었다. → 우리는 짧은 휴식을 취하기 위해 휴게소에서 멈췄다.

Chapter Exercises   본문 p.22

A **01** ④ **02** ⑤ **03** ⑤ **04** ④ **05** ② **06** ④

B **01** ② **02** ⑤

C ③

D **01** ④ **02** ① **03** ⑤

E **01** smart enough to

　　02 to enter the house

F **01** too small to play badminton

　　02 the best way to lose weight

　　03 His habit is to have

　　04 where to hang this new painting

　　05 It is more common to communicate

　　06 only to upset him

Ⓐ

01 ④ 헬멧을 쓰지 않고 자전거를 타는 것은 위험하다.
해설 가주어 It이 쓰였으므로 진주어를 만드는 to부정사가 적절.

02 ⑤ 우리는 그 남자에게 역으로 가는 방법을 물었다.
해설 ask A B는 'A에게 B를 묻다'의 SVOO문형 문장으로 문맥상 직접 목적어 자리에 '~하는 방법'을 나타내는 how to get이 적절.

03 ⑤ 음량을 높여 주실 수 있나요? 듣기에 충분히 크지가 않네요.
해설 문맥상 '들릴 만큼 충분히 크지 않다'는 의미이므로 loud enough가 적절.

04 ④ 아이들의 질문들은 항상 대답하기가 어렵다.
해설 형용사 hard를 수식하는 부사 역할의 to부정사 to answer이 적절.

05 ② 오늘은 날씨가 외출하기에 너무 추워. 집에서 영화를 보는 건 어때?
해설 문맥상 부정의 의미가 자연스러우므로 '너무 ~해서 …할 수 없다'의 의미인 too cold to go out이 적절.

06 ④ 이 스마트폰 새 모델은 너무 혼란스러워서 내 할아버지께서 사용하실 수 없다.

Ⓑ

01 ②
해설 「grow up+to-v」는 '자라서 ~이 되다'의 의미로 이때의 to-v는 결과를 나타낸다.
① 나는 장기 자랑에서 무엇을 해야 하는지 정하지 못했다.
② 나의 언니는 자라서 변호사가 되었다.
③ 너는 오늘 언제 회의를 시작해야 하는지 들었니?
④ 그는 그의 엄마에게 보여 주기 위해서 피아노를 열심히 연습했다.
⑤ 제인은 동물원에서 사자들을 봐서 겁을 먹었다.

02 ⑤
해설 문맥상 '~하기 위해'라는 목적을 나타내는 의미가 적절. ②는 의무를 나타내는 「be+to-v」.
① 피터는 내일 그의 발표에 대해 걱정되는 것 같다.
② 너는 너의 선생님께 공손하게 이야기해야 한다.
③ 에이미의 자전거를 돌려주는 것은 중요하다.
④ 오늘 사야 할 많은 것들이 있다.
⑤ 나는 책을 읽기 위해 도서관에 갔다.

Ⓒ ③
해설 '~인 것 같다'의 의미를 나타내는 「seem+to-v」 형태를 써서 like → to like로 고쳐야 적절.

Ⓓ

01 ④
해설 〈보기〉는 It이 가주어이고 to부정사구가 진주어로 쓰여 명사 역할을 한다. ④도 to부정사구가 주어로 명사 역할을 한다. ① 명사구 the oldest woman을 수식하는 형용사 역할. ② 명사구 any cloth를 수식하는 형용사 역할. ③ 「~ enough+to-v」 구문으로 형용사 confident를 수식하는 부사 역할. ⑤ 주어를 서술하는 형용사 역할.
〈보기〉 식사 전에 물을 마시는 것이 더 좋다.
① 케이트는 마라톤을 완주한 가장 나이가 많은 여자이다.
② 그는 창문을 닦을 어떤 걸레도 찾을 수 없었다.
③ 그녀는 수업 시간에 그녀의 의견을 말할 만큼 충분히 자신감이 있었다.
④ 사람들 앞에서 춤추는 것은 나에게 두렵다.
⑤ 그녀는 수영을 좋아하는 것 같다.

02 ①
해설 〈보기〉는 명사 time을 수식하는 형용사 역할. ①도 the first woman을 수식하는 형용사 역할의 to부정사. ② '~하기 위해'라는 의미로 부사 역할. ③ 「too ~+to-v」 구문으로 형용사 dirty를 수식하는 부사 역할. ④ 동사 offered의 목적어로 사용된 명사 역할의 to부정사. ⑤ It은 가주어이고 to learn ~ violin은 진주어로 사용된 명사 역할의 to부정사구.
〈보기〉 나는 점심을 먹을 시간이 없었다.
① 그녀는 그 나라의 대통령이 된 최초의 여성이다.
② 나무들은 집들을 만들기 위해 베어진다.
③ 그 소파는 너무 더러워서 앉을 수 없다.
④ 나의 남동생이 나에게 약간의 돈을 빌려주는 것을 제안했다.
⑤ 바이올린을 연주하는 법을 배우는 것은 쉽지 않다.

03 ⑤
해설 〈보기〉와 ⑤는 모두 '~하기 위해'라는 목적의 의미를 나타내는 부사 역할의 to부정사. ① It은 가주어이고 to find a job이 진주어이므로 명사 역할. ② the key를 수식하는 형용사 역할. ③ 동사 likes의 목적어로 사용된 명사 역할의 to부정사. ④ a lot of boxes를 수식하는 형용사 역할.
〈보기〉 나는 나의 조부모님을 방문하기 위해 항공편을 예약했다.
① 직업을 찾는 것은 어렵다.
② 나는 그 문을 열 열쇠를 찾지 못했다.
③ 신디는 낯선 사람들과 이야기하는 것을 좋아한다.
④ 그는 아직도 오늘 배달할 많은 상자들을 갖고 있다.
⑤ 나는 이메일을 확인하기 위해 컴퓨터를 켰다.

Ⓔ

01 smart enough to 샐리는 시험에서 만점을 받았다. 그녀는 충분히 똑똑하다. → 샐리는 시험에서 만점을 받을 만큼 충분히 똑똑하다.

02 to enter the house 나는 초인종을 눌렀다. 나는 그 집으로 들어가고 싶었다. → 나는 그 집으로 들어가기 위해 초인종을 눌렀다.

Ⓕ

01 too small to play badminton
02 the best way to lose weight
03 His habit is to have
04 where to hang this new painting
05 It is more common to communicate
06 only to upset him

Chapter ⑮ 동명사

Unit 01 주어/보어/목적어로 쓰이는 동명사
본문 p.28

CHECK UP

1. **being** 나는 공연에 늦을까 봐 걱정된다.
   해설 전치사 about의 목적어 자리이므로 동명사 형태가 적절.

2. **taking** 나는 혼잡한 시간에 택시를 타는 것을 반대한다.
   해설 '~을 반대하다'는 「object to+v-ing」이므로 동명사 형태가 적절.

3. **saying** 테드는 아무 말도 하지 않고 샐리를 바라봤다.
   해설 전치사 without의 목적어 자리이므로 동명사 형태가 적절.

Practice

Ⓐ

01 ⓒ 서류 작성을 끝내 주세요.
   해설 동사 finish의 목적어.

02 ⓓ 나는 매일 같은 일과를 반복하는 것에 질렸다.
   해설 전치사 of의 목적어.

03 ⓐ 고속도로에서 안전띠를 매는 것은 중요하다.
   해설 문장의 주어로 사용된 동명사.

04 ⓑ 그의 가장 큰 관심은 낭비되는 물을 줄이는 것이다.
   해설 be동사 is의 보어.

05 ⓒ 나의 여동생은 나에게 같은 질문을 묻는 것을 계속했다.
   해설 동사 kept의 목적어.

Ⓑ

01 get → getting 나는 아침에 일찍 일어나는 것을 즐긴다.
   해설 동사 enjoy의 목적어 자리.

02 take → taking 나의 여동생은 여름 캠프에 참가하는 것을 고대했다.
   해설 「look forward to+v-ing (~을 고대하다)」 표현으로 전치사 to의 목적어 자리.

03 Eating not → Not eating 패스트푸드를 먹지 않는 것은 당신의 균형 잡힌 식단에 필수적이다.
   해설 동명사의 부정형은 동명사 앞에 not을 붙인다.

04 run → running 나는 그 아이가 도로로 뛰어드는 것을 막았다.
   해설 전치사 from의 목적어 자리.

Ⓒ

〈보기〉 이 나라에서 사는 것은 확실한 이점이 있다.

01 Practicing grammar is necessary 문법을 연습하는 것은 필수적이다.

02 Looking both ways on the crosswalk 횡단보도에서 양쪽을 살피는 것은 중요하다.

03 telling white lies isn't bad 어떤 경우에는, 선의의 거짓말을 하는 것이 나쁘지 않다.

Unit 02 to부정사/동명사를 목적어로 쓰는 동사
본문 p.30

CHECK UP

1. **to buy** 나의 엄마는 강아지를 사기로 결정하셨다.
   해설 decide는 to부정사만을 목적어로 취하는 동사.

2. **learning** 샘은 요리를 배우는 것을 정말 좋아한다.
   해설 love는 to부정사와 동명사 모두를 목적어로 취하는 동사이다. 목적어 자리에 동사원형은 쓸 수 없다.

3. **reading** 나는 그의 소설을 읽는 것을 포기했다. 그것은 너무 길다.
   해설 give up은 동명사만을 목적어로 취하는 동사.

Practice

Ⓐ **b, c, e**
   해설 start, begin, hate는 to부정사와 동명사 모두를 목적어로 취하면서 의미 차이가 없는 동사이다. keep, finish는 동명사만을 목적어로 취하는 동사이다.
   a. 그 개는 그 낯선 사람에게 짖는 것을 계속했다.
   b. 우리의 춤을 연습하는 것을 시작하자.
   c. 저녁에 눈이 내리기 시작했다.
   d. 나는 내 가족을 위해 저녁을 준비하는 것을 끝냈다.
   e. 나는 공포 영화 보는 것을 싫어한다.

Ⓑ

01 to see 나는 너를 여기에서 만날 것을 기대하지 않았다.
   해설 expect는 to부정사만을 목적어로 취하는 동사.

02 eating 너는 즉석식품을 먹는 것을 피해야 한다.
   해설 avoid는 동명사만을 목적어로 취하는 동사.

03 to have 그들은 약간의 생각할 시간을 갖고 싶어 했다.
   해설 want는 to부정사만을 목적어로 취하는 동사.

04 to take 나의 아버지는 나를 이번 일요일에 놀이공원에 데리고 가 주시기로 약속하셨다.
   해설 promise는 to부정사만을 목적어로 취하는 동사.

05 telling 잭은 어제 그의 어머니에게 거짓말을 한 것을 후회했다.
   해설 문맥상 과거의 일을 후회한다는 의미이므로 telling이 적절.

Ⓒ

01 agree to go

02 planned to finish

03 put off visiting

04 practice playing

05 forget to tell me

Chapter Exercises

본문 p.32

A **01** Preparing for the exam: S
    02 cleaning the house: O
    03 introducing the issues: C
    04 eating breakfast every day: O
    05 Reading the preface of this book: S

B **01** to obey **02** Protecting **03** coming **04** to stay
    05 entering

C **01** ④ **02** ⑤

D ①

E **01** ③ **02** ④ **03** ③ **04** ④

F **01** ⓑ **02** ⓑ **03** ⓒ

G **01** to prepare 또는 preparing **02** threatening
    03 analyzing **04** to hear **05** eating **06** to teach

H **01** avoided looking at me
    02 feel like doing anything
    03 are used to talking in English
    04 planned to decrease the tax
    05 looking forward to watching
    06 gave up arriving

Ⓐ

01 **Preparing for the exam: S** 시험에 대비해 준비하는 것은 쉽지 않다.

02 **cleaning the house: O** 나는 집을 청소하는 것을 끝냈다.

03 **introducing the issues: C** 이 발표에서의 나의 역할은 주제를 소개하는 것이다.

04 **eating breakfast every day: O** 나는 매일 아침을 먹는 것에 익숙하다.

05 **Reading the preface of this book: S** 이 책의 서문을 읽는 것은 나에게 내용의 전반적인 개요를 주었다.

Ⓑ

01 **to obey** 사람들은 규칙을 지켜야 할 필요가 있다.
    해설 need는 to부정사만을 목적어로 취한다.

02 **Protecting** 자연을 보호하는 것은 중요하다.
    해설 문장의 주어 자리이므로 동사원형은 쓸 수 없다.

03 **coming** 나를 보러 와 줘서 고마워.
    해설 전치사 for의 목적어 자리에는 동명사를 쓴다.

04 **to stay** 우리는 그 호텔에 머물기를 원한다.
    해설 want는 to부정사만을 목적어로 취한다.

05 **entering** 그는 내 방에 들어온 것을 부인했다.
    해설 deny는 동명사만을 목적어로 취한다.

Ⓒ

01 ④
    해설 decide는 to부정사만을 목적어로 취하는 동사이므로 쓸 수 없다.

02 ⑤
    해설 mind는 동명사만을 목적어로 취하는 동사이므로 쓸 수 없다.

Ⓓ ①

• 사라는 다음 달에 그녀의 집을 이사하는 것을 고려하는 중이다.
    해설 consider는 동명사만을 목적어로 취하는 동사이다.

• 그는 자신의 재산을 자선 단체에 기부하는 것에 동의했다.
    해설 agree는 to부정사만을 목적어로 취하는 동사이다.

• 어린아이들은 너무 많은 간식을 먹는 것을 피해야 한다.
    해설 avoid는 동명사만을 목적어로 취하는 동사이다.

Ⓔ

01 ③ 그는 대중 앞에서 연설하는 것에 익숙하다.
    해설 문맥상 「be used to+v-ing (~에 익숙하다)」가 적절.

02 ④ 몇몇 학생들은 그들의 숙제를 하는 것을 미뤘다.
    해설 put off는 동명사만을 목적어로 취하는 동사.

03 ③ 걷는 것은 너의 건강에 좋다.
    해설 문장의 주어 자리이므로 동명사 또는 to부정사 형태가 알맞다.

04 ④ 나는 그 시험에 통과할 것을 확신한다.
    해설 전치사 of의 목적어 자리이므로 동명사 형태가 적절.

Ⓕ

01 ⓑ
    해설 hope는 to부정사만을 목적어로 취하는 동사이므로 helping → to help가 적절.
    ⓐ 숫자를 다시 말해 주시겠어요?
    ⓑ 제임스는 가난한 사람들을 돕기를 바랐다.
    ⓒ 나는 주스 한 컵을 마시고 싶다.

02 ⓑ
    해설 전치사 at의 목적어 자리이므로 read → reading이 적절.
    ⓐ 샐리는 침대에 누워 있음으로써 감기에서 회복했다.
    ⓑ 제이크는 한국어 읽는 것을 그다지 잘하지 못한다.
    ⓒ 엄마는 파티를 준비하시느라 바쁘셨다.

03 ⓒ
    해설 보어 자리이므로 travel → traveling[to travel]이 적절.
    ⓐ 그녀는 다음 주까지 그 여행을 미루기로 결정했다.
    ⓑ 관중들은 선수들에게 환호하기 시작했다.
    ⓒ 그의 꿈은 전 세계를 여행하는 것이다.

Ⓖ

01 **to prepare 또는 preparing** 나는 유럽 여행을 준비하는 것을 시작했다.
    해설 start는 to부정사와 동명사 모두를 목적어로 취한다.

02 **threatening** 그 용의자는 피해자를 협박한 것을 부인했다.
    해설 deny는 동명사만을 목적어로 취한다.

03 **analyzing** 나는 꿈을 분석하는 것에 관심이 있다.
    해설 전치사 in의 목적어 자리이므로 analyzing이 적절.

04 to hear 그녀는 그녀의 어린 시절 친구로부터 소식을 듣기를 기대했다.
해설 expect는 to부정사만을 목적어로 취한다.

05 eating 나는 아침을 먹는 것 대신 자는 것을 원한다.
해설 전치사 instead of의 목적어 자리이므로 eating이 적절.

06 to teach 나의 형은 나에게 자전거 타는 법을 가르쳐 주는 것을 거절했다.
해설 refuse는 to부정사만을 목적어로 취한다.

Ⓗ

01 avoided looking at me
02 feel like doing anything
03 are used to talking in English
04 planned to decrease the tax
05 looking forward to watching
06 gave up arriving

Chapter ⑯ 분사

Unit 01 명사를 수식하는 분사　　본문 p.38

CHECK UP

1. toy 나는 아버지께 나의 부서진 장난감을 고쳐 달라고 부탁드렸다.
해설 수동과 완료의 과거분사 broken이 단독으로 쓰여 명사 toy를 앞에서 수식.

2. water 네 손을 흐르는 물에 씻어라.
해설 능동과 진행의 현재분사 running이 명사 water를 앞에서 수식.

3. a ball 물에 떠 있는 공 한 개가 있다.
해설 능동과 진행의 현재분사 floating이 전치사구 in water를 동반해 명사 a ball을 뒤에서 수식.

4. The paintings 그녀에 의해 그려진 그 그림들은 비싸다.
해설 수동과 완료의 과거분사 drawn이 전치사구 by her를 동반해 명사 The paintings를 뒤에서 수식.

Practice

Ⓐ

01 shining 낸시는 아름답고 빛나는 얼굴을 갖고 있다.
해설 얼굴이 빛나는 것이므로 능동의 현재분사 shining이 적절.

02 published 그녀는 나에게 십대를 위해 출간된 몇 개의 잡지들을 주었다.
해설 잡지는 출간되는 것이므로 수동의 과거분사 published가 적절.

03 reading 창가에서 신문을 읽고 있는 남자는 나의 상사이다.
해설 주어 The man이 읽고 있는 것이므로 능동의 현재분사 reading

이 적절.

04 written 일기는 쓰는 사람 자신의 기분, 생각 등이 쓰인 기록이다.
해설 기록은 써지는 것이므로 수동의 과거분사 written이 적절.

Ⓑ

01 growing
해설 아이가 자라고 있는 것이므로 능동과 진행의 현재분사 growing이 적절.

02 frozen
해설 식품이 얼려진 것이므로 수동과 완료의 과거분사 frozen이 적절.

03 dying
해설 나무가 죽어가고 있는 것이므로 능동과 진행의 현재분사 dying이 적절.

04 waiting
해설 사람들이 기다리고 있는 것이므로 능동과 진행의 현재분사 waiting이 적절.

05 made
해설 시계가 만들어진 것이므로 수동과 완료의 과거분사 made가 적절.

Ⓒ

01 like boiled eggs
해설 달걀이 삶아진 것이므로 수동과 완료의 과거분사 boiled를 사용.

02 a girl loved by everybody
해설 소녀가 사랑받는 것이므로 과거분사 loved를 사용하며 뒤에 by 전치사구를 동반하므로 명사 뒤에 위치한다.

03 heard some shocking news
해설 뉴스가 충격을 주는 것이므로 현재분사 shocking을 사용.

04 see the man wearing sunglasses
해설 남자가 쓰고 있는 것이므로 능동과 진행의 현재분사 wearing을 사용하며 뒤에 명사 sunglasses를 동반하므로 명사 뒤에 위치한다.

Unit 02 분사의 보어 역할 및 감정 표현
본문 p.40

CHECK UP

1. amazing 마야의 공연은 놀라웠다.
해설 공연이 놀랍게 하는 것이므로 능동의 현재분사 amazing이 적절.

2. confused 그는 내 질문에 혼란스러워져서 서 있었다.
해설 그가 혼란스러워진 것이므로 수동의 과거분사 confused가 적절.

Practice

Ⓐ

01 surprising
해설 기록이 놀랍게 하는 것이므로 능동의 현재분사 surprising이 적절.

02 annoyed
> 해설 승객들이 짜증이 난 것이므로 수동의 과거분사 annoyed가 적절.

03 confusing
> 해설 설명서가 혼란스럽게 하는 것이므로 능동의 현재분사 confusing이 적절.

04 satisfied
> 해설 부모님이 만족한 것이므로 수동의 과거분사 satisfied가 적절.

Ⓑ ⑤
> 해설 아이들이 자고 있는 것이므로 능동과 진행의 현재분사 sleeping이 적절.
> ① 친구들과 여행하는 것은 매우 신나게 들린다[신날 것 같다].
> ② 고양이가 도로를 가로질러 뛰어 왔다.
> ③ 점심으로 샌드위치를 먹는 것이 지루해지고 있다.
> ④ 그들은 그녀가 오는 것에 놀란 듯 보였다.
> ⑤ 그 아이들은 그 방에서 자고 있다.

Ⓒ

01 충격을 받았다

02 실망시킨다[실망스럽다]

03 겁에 질렸다[무서워했다]

04 지루했다

Unit 03 분사구문
본문 p.42

CHECK UP

1. Looking out 창문 너머로 밖을 보았을 때, 나는 한 낯선 남자를 보았다.
> 해설 분사구문의 주어가 없으므로 주절의 주어와 동일. 즉 I(나)가 보는 것이므로 능동의 현재분사 Looking out이 적절.

2. Not knowing 프랑스어를 모르기 때문에, 나는 그 책을 읽을 수 없었다.
> 해설 책을 못 읽는다는 내용이 있으므로 문맥상 '프랑스어를 모른다'가 자연스럽다. 따라서 분사구문의 부정형인 Not knowing이 적절.

3. Tired 일하느라 피곤했기 때문에, 그는 일찍 잠자리에 들었다.
> 해설 문장의 주어인 he(그)가 피곤해진 것이므로 수동의 과거분사 Tired가 적절. 과거분사 앞의 Being은 보통 생략한다.

Practice

Ⓐ

01 leaned → leaning 샐리는 벽에 기대서 거기에 그냥 서 있었다.
> 해설 샐리가 기대어 있는 것이므로 능동의 현재분사 leaning으로 고쳐야 적절.

02 Being not → Not being 조심하지 않았기 때문에, 그 운전자는 제때 멈추는 걸 실패했다.

> 해설 분사구문의 부정형은 분사 앞에 not을 붙이므로 Not being으로 고쳐야 적절.

03 Have → Having 할 게 아무것도 없었기 때문에, 그 아이들은 지루했다.
> 해설 아이들이 갖고 있지 않은 것이므로 능동의 분사구문을 만드는 Having이 적절.

04 I thinking → Thinking 그들이 배고플지도 모른다고 생각했기 때문에, 나는 그들에게 뭔가 먹을 것을 제공했다.
> 해설 분사구문의 의미상 주어가 문장의 주어와 동일할 때는 주어를 밝히지 않으므로 I를 삭제해야 적절.

05 Surprising → (Being) Surprised 그 소식에 놀라서, 나는 몇 초 동안 움직일 수 없었다.
> 해설 문장의 주어 I가 놀란 것이므로 수동의 과거분사 Surprised가 적절. 과거분사 앞의 Being은 종종 생략한다.

Ⓑ

01 ⓑ 그의 거짓말에 실망해서, 나는 짐과 이야기하고 싶지 않았다.

02 ⓐ 읽을 수 없었기 때문에, 그 아이는 그의 어머니에게 그 이야기를 말해 달라고 부탁했다.

03 ⓑ 하늘을 올려다보며, 그 시인은 걷고 있었다.

04 ⓑ 거울이 깨졌기 때문에, 나는 엄마에게 혼이 났다.
> 해설 주절의 주어와 다르기 때문에 분사구문의 의미상 주어인 The mirror를 밝힌 형태이다.

Ⓒ

01 Painting the wall 벽을 페인트칠하다가, 나는 의자에서 미끄러졌다.

02 Cleaning his room 그의 방을 청소하고 나서 준은 자신의 친구들을 만나러 나갔다.

03 (Being) Caught in heavy traffic 극심한 교통 체증에 걸렸기 때문에, 나는 학교 축제를 즐길 수 없었다.

04 Not wanting to hurt her feelings 그녀의 기분을 망치고 싶지 않았기 때문에, 그는 그녀에게 그 나쁜 소식을 말하지 않았다.

Chapter Exercises
본문 p.44

A 01 ○ **02** × → thrown
   03 × → shocking **04** ○ **05** × → Receiving

B 01 ① **02** ④

C 01 ① **02** ④ **03** ③ **04** ⑤
   05 ③ **06** ④ **07** ⑤

D 01 ② **02** ④

E 01 ⓐ **02** ⓑ **03** ⓑ

F 01 많은 흥미로운 활동들을
   02 날씨가 아주 안 좋아서
   03 이겨서[이기고 나서], 신났다[흥분되었다]
   04 놀랐다 **05** 짜증 나게 하는 소리

G 01 The door broken

02 The man dancing on the stage

03 (Being) Brought up in the U.S.

04 Not hearing an answer from her

Ⓐ

01 ○ 벽에 걸린 사진들은 나의 아버지에 의해 찍혔다.

해설 사진이 걸려 있는 것이므로 능동의 현재분사 hanging은 적절. hang은 '걸다; 걸리다'의 의미.

02 ✕ → **thrown** 켈리에 의해 던져진 그 공은 나를 때렸다.

해설 공은 던져지는 것이므로 수동의 과거분사 thrown이 적절.

03 ✕ → **shocking** 내 친구는 내게 충격적인 소식을 말해 주었다.

해설 소식이 충격을 주는 것이므로 능동의 현재분사 shocking으로 고쳐야 적절.

04 ○ 몸이 좋지 않아서, 나는 침대에 있었다.

해설 주어 I가 느끼는 것이므로 능동의 현재분사가 적절하고, 분사구문의 부정형은 앞에 not을 붙이므로 Not feeling은 적절.

05 ✕ → **Receiving** 그 선물을 받고 그녀는 부끄러워졌다.

해설 주어 she가 받는 것이므로 능동의 현재분사 Receiving으로 고쳐야 적절.

Ⓑ

01 ①

해설 나머지는 모두 현재분사인데 ①의 Changing은 주어로 쓰인 동명사이다.

① 즉시 변화하는 것은 어렵다.

② 비행기에서 내 옆에 앉아 있던 남자는 친절했다.

③ 하늘에 날아다니는 많은 새들이 있다.

④ 나는 어제 마술 쇼를 봤다. 그것은 놀라웠다.

⑤ 주디와의 즐거운 대화는 나를 행복하게 만들었다.

02 ④

해설 나머지는 모두 명사를 수식하는 과거분사인데 ④의 visited는 과거 시제의 동사이다.

① 파티에 초대된 모든 손님들은 소녀들이었다.

② 할인 때 구입된 옷들은 교환될 수 없다.

③ 인터뷰된 사람들의 대부분은 젊은 여자들이었다.

④ 우리는 고대 이집트인들에 의해 세워진 피라미드들을 방문했다.

⑤ 그 방에 홀로 남겨진 아기는 울기 시작했다.

Ⓒ

01 ① 프레드는 슈퍼마켓에서 잘려져 있는 고기를 샀다.

해설 고기는 잘려진 것이므로 수동과 완료의 과거분사 cut이 적절.

02 ④ 돈이 거의 없어서, 그는 식사를 하기 위해 그 식당으로 들어갈 수 없었다.

해설 뒤에 문장의 주어와 동사가 있으므로 분사구문을 만드는 분사가 필요한 자리인데, 문장의 주어 he가 갖고 있지 않은 것이므로 능동의 현재분사 Having이 적절.

03 ③ 그것은 세계에서 가장 키가 큰 살아 있는 나무이다.

해설 나무가 살아 있는 것이므로 능동의 현재분사 living이 적절.

04 ⑤ 용기가 없었기 때문에, 나는 그녀에게 말을 걸 수 없었다.

해설 분사구문을 만드는 분사가 필요한 자리로, 문장의 주어 I가 갖고 있지 않은 것이므로 능동의 현재분사 having이 필요하고 문맥상 분사구문의 부정이 와야 하므로 Not having이 적절.

05 ③ 제니는 내게 영어로 써진 편지 한 통을 보냈다.

해설 편지가 써진 것이므로 수동과 완료의 과거분사 written이 적절.

06 ④ 내 질문에 대한 그의 대답은 만족스러운 것이었다.

해설 one은 answer를 가리키는 것이고 대답이 만족스러운 것이므로 능동의 현재분사 satisfying이 적절.

07 ⑤ 케이트에게 초대받아서, 나는 그녀의 송별 파티에 갔다.

해설 뒤에 주어와 동사가 있는 것으로 보아 분사구문을 만드는 분사 자리이다. 문맥상 주어인 I가 초대를 받은 것이므로 수동의 과거분사 Invited가 적절.

Ⓓ

01 ②

• 그 피트니스 센터는 석 달 동안 문 닫은 채로 있었다.

해설 피트니스 센터는 잠겨진 것이므로 수동과 완료의 과거분사 locked가 적절.

• 나의 부모님께 도움을 받아서, 나는 자전거 타는 법을 배웠다.

해설 뒤에 주어와 동사가 있는 것으로 보아 분사 자리이다. 문맥상 주어인 I가 도움을 받은 것이므로 수동의 과거분사 Helped가 적절.

02 ④

• 병원으로 가는 길은 매우 혼란스럽다.

해설 길이 혼란스러운 것이므로 능동의 현재분사 confusing이 적절.

• 그녀는 요리에 관심이 있다.

해설 She가 흥미를 느끼는 것이므로 수동의 과거분사 interested가 적절.

Ⓔ

01 ⓐ

해설 경험이 만족스럽게 하는 것이므로 satisfied를 능동의 현재분사 satisfying으로 고쳐야 적절.

ⓐ 일에서의 성공은 만족스러운 경험이다.

ⓑ 그 박물관에서 도난당한 그림들은 아직 발견되지 않았다.

ⓒ 바빴기 때문에, 제시카는 거의 자정까지 일해야만 했다.

02 ⓑ

해설 감자는 튀겨지는 것이므로 frying을 수동의 과거분사 fried로 고쳐야 적절.

ⓐ 나는 봉사 활동을 하는 사람들을 존경한다.

ⓑ 저는 감자튀김을 먹고 싶습니다.

ⓒ 김 씨에 의해 연출되어, 그 영화는 정말로 인기 있어졌다.

03 ⓑ

해설 손님이 머무르는 것이므로 stayed를 능동의 현재분사 staying으로 고쳐야 적절.

ⓐ 그녀는 공원에서 부상당한 아이를 도와주었다.

ⓑ 무료 셔틀버스가 우리 게스트하우스에 묵고 있는 모든 손님들에게 제공된다.

ⓒ 나의 친구는 내게 편지로 채워진 상자 하나를 줬다.

Ⓕ

01 많은 흥미로운 활동들을

02 날씨가 아주 안 좋아서

03 이겨서[이기고 나서], 신났다[흥분되었다]

04 놀랐다

05 짜증 나게 하는 소리

Ⓖ

01 The door broken

02 The man dancing on the stage

03 (Being) Brought up in the U.S.

04 Not hearing an answer from her

Chapter ⑰ 준동사 심화

Unit 01 준동사의 동사적 성질 본문 p.50

CHECK UP

1. **a conflict : O** 갈등을 해결하는 가장 좋은 방법은 대화이다.

2. **to foreign countries : M** 대부분의 사람들이 외국으로 여행하는 것을 즐긴다.

3. **quiet : C** 교실에서 나는 네가 조용히 하기를 바란다.

Practice

Ⓐ

01 ⓑ 그들의 아기는 소음에 울기 시작했다.
[해설] 부사구 at the noise가 to부정사 to cry를 수식하고 있다.

02 ⓐ 담배 피우기를 끊는 것은 나의 아빠에게 어려웠다.
[해설] to부정사 To quit이 목적어 smoking을 취하고 있다.

03 ⓓ 어제 너의 전화를 받지 못해서 미안해.
[해설] 전치사 for의 목적어인 동명사 자리인데 본동사(am)보다 먼저 일어난 일이라 「having+p.p.」 형태의 not having answered를 썼다.

04 ⓒ 그녀는 그가 그 회의에 참석하지 않는 것을 개의치 않는다.
[해설] his는 동명사구 not attending the meeting의 의미상 주어이다.

05 ⓔ 나는 나의 형에게 속임을 당하는 것을 싫어한다.
[해설] to부정사의 수동형인 to be tricked가 사용되었다.

Ⓑ

01 **her** 나는 그녀가 그 시합에서 이길 거라고 확신한다.
[해설] 동명사(winning)의 의미상 주어이므로 소유격 her가 적절.

02 **for** 그 길은 내가 안전하게 운전하기에 너무 거칠다.
[해설] to부정사(to drive)의 의미상 주어 자리이므로 「for+목적격」이 적절.

03 **having passed** 그는 작년에 그 시험을 통과한 것을 자랑스러워한다.
[해설] 문맥상 시험을 통과한 것이 본동사 is보다 먼저 일어난 일이므로 having passed가 적절.

04 **have been** 그녀는 그녀가 어렸을 때 부자였던 것 같다.
[해설] 문맥상 부자였던 것이 본동사 seems보다 먼저 일어난 일이므로 have been이 적절.

05 **for** 그녀가 그의 충고를 들은 것은 실수였다.
[해설] to부정사(to take)의 의미상 주어 자리이므로 「for+목적격」이 적절. 성격을 나타내는 형용사가 쓰일 경우에 「of+목적격」을 쓴다.

Ⓒ

01 **✗ → learning** 나의 아버지는 중국어를 배우는 것을 계속하시기로 결심하셨다.
[해설] to keep의 목적어 자리이므로 learning이 적절. keep은 동명사만을 목적어로 취하는 동사.

02 **✗ → to be invited** 나는 그녀의 파티에 초대되는 것을 기대하지 않았다.
[해설] 주어 I가 초대하는 것이 아니라 초대되는 것이므로 to부정사의 수동형인 to be invited가 적절.

03 **○** 나의 부모님은 내가 항상 너무 빨리 먹는 것을 좋아하지 않으신다.
[해설] 문장의 주어는 My parents이고 문맥상 동명사 eating의 주어는 I이므로 I의 소유격 my는 적절.

04 **✗ → healthy** 나는 내 아기가 건강하기를 바란다.
[해설] to be의 보어 자리이므로 형용사 healthy가 적절.

Unit 02 다양한 목적격보어의 형태 본문 p.52

CHECK UP

1. **to go** 엄마는 나에게 자신과 함께 백화점에 갈 것을 부탁하셨다.
[해설] 동사 ask의 목적격보어는 to부정사가 적절.

2. **touch** 재닛은 뭔가가 자신의 어깨를 만지는 것을 느꼈다.
[해설] 지각동사(feel)의 목적격보어는 원형부정사가 적절.

3. **bring** 케이트는 웨이터가 자신에게 약간의 차를 가져오게 했다.
[해설] 사역동사 have는 '(~가 …하게) 하다'라는 뜻으로 목적격보어 자리에는 원형부정사가 적절.

4. **solved** 우리는 이 문제가 빨리 해결되기를 바란다.
[해설] 목적어 this problem이 해결되는 것이므로 수동을 나타내는 과거분사(p.p.)가 적절.

Practice

Ⓐ

01 **to know** 나는 누구도 내 문제에 대해 아는 것을 원하지 않는다.
[해설] 동사 want의 목적격보어 자리이므로 to know가 적절.

02 **go** 나는 이 기회가 지나가게 두지 않을 것이다.
[해설] 사역동사 let은 '(~가 …하게) 두다'의 의미로 목적격보어 자리에는 원형부정사 go가 적절.

03 **tested, fitted** 그는 자신의 눈이 검사되고 안경이 맞춰지게 했다.

해설 목적어(his eyes)가 검사되고 안경이 맞춰지는 수동의 의미이므로 과거분사 tested, fitted가 적절.

04 **talk[talking]** 그는 그의 할머니가 좋았던 옛날들에 관해 말씀하시는 [말씀하고 계시는] 것을 들었다.

해설 지각동사(listen to)의 목적격보어 자리에는 원형부정사가 오며 진행의 의미를 강조하여 능동의 현재분사도 가능.

05 **to do** 나는 곤경에 처해 있어. 너는 내가 무엇을 하도록 충고하겠니?

해설 동사 advise의 목적격보어 자리이므로 to do가 적절.

Ⓑ

01 **to cry → cry** 그 영화는 매우 슬펐다. 그것은 나를 울게 만들었다.

해설 문맥상 make는 사역동사로 쓰였으므로 목적격보어는 원형부정사 cry가 적절.

02 **to hang → hang[hanging]** 너는 원숭이가 나무에 매달리는[매달리고 있는] 것을 봤니?

해설 지각동사(see)의 목적격보어 자리이므로 원형부정사 또는 현재분사가 적절.

03 **shutting → shut** 그는 방의 문을 차서 닫았다.

해설 문맥상 목적어(the door of the room)가 닫힌 것이므로 과거분사 shut이 적절.

04 **to search → searched** 나는 나의 짐이 세관에서 검사되게 했다.

해설 문맥상 목적어(my luggage)가 검사되는 것이므로 과거분사 searched가 적절.

05 **fixing → fix[to fix]** 존은 내가 자전거를 고치는 것을 도와주었다.

해설 동사 help의 목적격보어로는 원형부정사나 to부정사가 쓰인다.

06 **not wait → not to wait** 데이비드는 앤에게 자신을 기다리지 말라고 말했다.

해설 동사 tell의 목적격보어 자리이므로 to wait가 적절하며 부정형은 to부정사 앞에 not을 붙인다.

Ⓒ

01 me to lock

02 two men run[running]

03 to fasten their seat belts

04 a new TV installed

Chapter Exercises

본문 p.54

A **01** ③ **02** ① **03** ①
B **01** ②, ③ **02** ④, ⑤
C ③
D **01** ⑤ **02** ②
E **01** do → to do **02** lock → locked
 03 get → to get **04** to keep → to be kept
 05 give → giving
F ④
G ②

H **01** feel **02** walk[walking] **03** surrounded
 04 to try **05** examined
I **01** want to be exposed
 02 asked the shop owner to put
 03 had us read
 04 heard someone knock[knocking]

Ⓐ

01 ③ 그 의사는 그에게 건강을 위해 간식을 포기하라고 말했다.

해설 목적어(him)가 포기한 것이므로 목적격보어로 능동태가 와야 하며 told는 목적격보어로 to부정사를 쓴다.

02 ① 그 선생님께서 우리에게 눈을 감게 하셨다.

해설 문맥상 had가 사역동사로 쓰였으므로 원형부정사가 적절.

03 ① 나는 그가 누군가와 전화 통화하고 있는 것을 들었다.

해설 heard는 지각동사이므로 talking이 적절.

Ⓑ

01 ②, ③

해설 get과 ask는 to부정사를 목적격보어로 취하는 동사이다.

02 ④, ⑤

해설 목적격보어 자리에 to부정사가 왔으므로 동사 자리에 사역동사 have와 make는 적절하지 않다.

Ⓒ ③

• 그 회사는 사용자들에게 그들의 바이러스 퇴치 소프트웨어를 업데이트 하게 했다.

해설 사역동사 make의 목적격보어 자리이므로 update가 적절.

• 우리는 행인에 의해 우리의 사진이 찍히게 했다.

해설 사진이 찍히게 한 것이므로 수동의 과거분사 taken이 적절.

• 나의 엄마는 내가 밤늦게 TV를 보는 것을 허락하지 않으신다.

해설 allow의 목적격보어 자리이므로 to watch가 적절.

Ⓓ

01 ⑤

해설 동사 help는 원형부정사 또는 to부정사를 목적어보어로 취하므로 learning → learn[to learn]으로 고쳐야 적절.
① 다니엘은 다쳤던 것 같았다.
② 우리는 효과적으로 공부할 필요가 있다.
③ 울타리의 몇몇 부분은 다시 페인트칠되어야 할 필요가 있다.
④ 나는 잭이 거리의 눈을 치우는 것을 봤다.
⑤ 이 책은 학생들이 문법을 쉽게 배우도록 돕는다.

02 ②

해설 문맥상 에밀리가 실망한 것이라 수동의 과거분사가 쓰여야 하므로 disappointing → disappointed로 고쳐야 적절.
① 나의 언니는 나에게 그 아기를 돌보게 했다.
② 에밀리의 새집이 그녀를 실망하게 만들었다.
③ 나는 네가 나에게 다시 전화하는 것을 원하지 않는다.
④ 그의 어머니에게 안겨서, 그 아기는 잠이 들었다.
⑤ 그 간호사는 환자에게 움직이지 말라고 말했다.

E

01 do → to do 나는 내 남동생이 설거지하기를 원한다.
> **해설** 동사 want의 목적격보어 자리에는 to부정사가 적절.

02 lock → locked 그녀는 그녀의 캐비닛을 잠가 두었다.
> **해설** 캐비닛이 잠기는 것이므로 목적격보어 자리에는 수동의 과거분사 (p.p.)가 적절.

03 get → to get 의사는 나에게 주사를 맞으라고 말했다.
> **해설** 동사 tell의 목적격보어 자리에는 to부정사가 적절.

04 to keep → to be kept 해산물은 냉장고에 보관되어야 한다.
> **해설** 문맥상 해산물이 보관되는 것이므로 to부정사의 수동형이 적절.

05 give → giving 나는 그가 나에게 선물을 주기를 고대하고 있다.
> **해설** give는 전치사 to의 목적어이므로 동명사 giving이 적절. his는 동명사의 의미상 주어.

F ④
> **해설** ⓐ closing → closed로 고쳐야 적절. ⓒ packed → pack 또는 to pack으로 고쳐야 적절.
> ⓐ 우리는 종일 문을 닫아 두었다.
> ⓑ 나는 나의 부모님께서 나와 더 많은 시간을 보내시기를 바란다.
> ⓒ 나는 나의 누나가 여행을 위해 짐 싸는 것을 도왔다.
> ⓓ 우리는 경찰이 도둑을 쫓는 것을 보았다.
> ⓔ 나의 아기가 웃음 짓는 것을 보는 것은 항상 나를 행복하게 한다.

G ②
> **해설** to sing의 의미상 주어 자리이므로 for me가 적절. 「of+목적격」은 성격을 나타내는 형용사가 쓰일 때 의미상 주어로 쓴다.
> ① 그는 시험에서 커닝했던 것을 부끄러워해야 한다.
> ② 내가 그녀처럼 노래를 잘 하는 것은 불가능하다.
> ③ 나는 세계에서 가장 유명한 작가가 되고 싶다.
> ④ 나는 줄 서서 기다리게 되는 것을 좋아하지 않는다.
> ⑤ 나의 엄마는 내가 시험에서 잘 하기를 기대하신다.

H

01 feel 이 음악은 나를 편안하게 느끼게 해준다.
> **해설** 사역동사 make의 목적격보어 자리이므로 feel이 적절.

02 walk[walking] 나는 누군가 내 방으로 걸어오는[걸어오고 있는] 소리를 들었다.
> **해설** 지각동사 hear의 목적격보어 자리이므로 walk 또는 walking이 적절.

03 surrounded 나는 그가 많은 아이들에게 둘러싸인 것을 보았다.
> **해설** 문맥상 그가 둘러싸인 것이므로 수동의 과거분사 surrounded가 적절.

04 to try 나의 어머니는 내가 그것을 다시 시도해 보도록 격려해 주셨다.
> **해설** encourage의 목적격보어 자리이므로 to try가 적절.

05 examined 너는 너의 치아를 규칙적으로 검사받아야 한다.
> **해설** 문맥상 치아가 검사되는 것이므로 수동의 과거분사 examined가 적절.

I

01 want to be exposed
> **해설** 동사 want는 목적격보어 자리에 to부정사를 쓰는데 노출되는 것이므로 to부정사의 수동형 to be exposed가 적절.

02 asked the shop owner to put
> **해설** 동사 ask는 목적격보어로 to부정사를 취한다.

03 had us read
> **해설** 사역동사 have가 쓰였으므로 목적격보어 자리에 원형부정사 read가 적절.

04 heard someone knock[knocking]
> **해설** 지각동사 hear가 쓰였고, 목적어와 목적격보어가 능동의 관계(누군가가 두드리는 것)이므로 목적격보어 자리에는 원형부정사 knock 또는 현재분사 knocking이 적절.

Chapter ⑱ 수능 빈출 어법 4

Point 01 문장의 동사 vs. 준동사

Check Up
본문 p.61

01 Opening 상담 받는 동안 당신의 마음을 여는 것이 매우 중요하다.
> **해설** 뒤에 문장의 동사 is가 있고, 문맥상 주어구를 이끄는 준동사 자리이므로 Opening이 적절.

02 written 나는 도서관에서 내가 가장 좋아하는 작가에 의해 쓰인 그 책을 찾을 수 없었다.
> **해설** 문맥상 문장의 동사는 couldn't find이다. 목적어인 the book은 써지는 것이므로 수동의 과거분사 written이 적절.

03 Watching 당신의 말을 조심하는 것은 공손함의 한 형태이다.
> **해설** 뒤에 동사 is가 있으므로 준동사 Watching이 적절.

04 turned 가장 유명한 게임들 중 하나는 '테트리스'로 밝혀졌다.
> **해설** 문맥상 동사 자리이므로 turned가 적절.

05 standing 그 문 앞에 서 있던 소년은 나의 남동생이었다.
> **해설** 뒤에 동사 was가 있으므로 The boy를 수식하는 능동의 현재분사 standing이 적절.

Point 02 to부정사/동명사 목적어의 의미가 다른 동사

Check Up
본문 p.61

01 traveling 그녀의 가장 친한 친구를 만날 때마다, 그녀는 작년에 친구와 함께 동유럽으로 여행했던 것을 기억한다.
> **해설** 문맥상 과거에 했던 일을 기억하는 것이므로 traveling이 적절.

02 to wash 나는 설거지하는 것을 잊어버렸어. 지금 할게.
> **해설** 문맥상 해야 할 일을 잊어버린 것이므로 to wash가 적절.

03 to inform 당신께 저희 가게가 다음 달에 문을 닫게 될 것이라고 알리게 되어 유감입니다.

문맥상 알리게 되어 유감이라는 내용이므로 to inform이 적절.

04 asking 당장 그냥 네 선생님께 한번 여쭤 봐. 그녀는 기쁘게 너에게 대답해 줄 거야.

해설 문맥상 한번 시도해 보라는 내용이므로 「try+v-ing」 형태의 asking이 적절. 「try+to-v」는 '~하려고 노력하다'의 의미.

05 bothering 네 남동생을 방해하는 것을 멈춰 주겠니?

해설 문맥상 '~하는 것을 멈추다'라는 뜻이므로 bothering이 적절. 「stop+to-v」는 '~하기 위해 멈추다'의 의미.

Point 03 │ to부정사구/분사구의 수식을 받는 주어의 수일치

Check Up
본문 p.63

01 need 음식 알레르기로 고통받는 사람들은 식단 관리가 필요하다.

해설 현재분사구 suffering from a food allergy가 주어 People을 수식하는 것이므로 복수동사 need가 적절.

02 is 책과 서류상 덮여 있는 그 책상은 내 것이다.

해설 과거분사구 covered with books and files가 주어 The desk를 수식하고 있으므로 단수동사 is가 적절.

03 shows 가난한 사람들을 돕는 것을 계속하겠다는 그의 결정은 인간에 대한 그의 큰 사랑을 보여 준다.

해설 to부정사구 to continue helping poor people이 주어 His decision을 수식하고 있으므로 단수동사 shows가 적절.

04 provides 지난달에 출간된 그 책은 요리에 대한 유용한 정보를 제공한다.

해설 과거분사구 published last month가 주어 The book을 수식하고 있으므로 단수동사 provides가 적절.

05 are 수영장에서 수영하고 있는 아이들은 구명조끼를 입고 있다.

해설 현재분사구 swimming in the pool이 주어 Children을 수식하고 있으므로 복수동사 are가 적절.

Point 04 │ 능동 v-ing vs. 수동 p.p.

Check Up
본문 p.63

01 educated 안전 규칙에 관해 교육을 받은 모든 아이들은 그 규칙들을 매우 잘 따랐다.

해설 문맥상 아이들이 교육을 받는 것이므로 수동을 나타내는 educated가 적절.

02 working 변호사로 일하고 있는 내 친구들 중 한 명은 매우 정직한 사람이다.

해설 친구가 일하고 있는 것이므로 능동과 진행의 현재분사 working이 적절.

03 released 어느 것이 새롭게 출시된 컴퓨터입니까?

해설 컴퓨터가 출시된 것이므로 수동과 완료의 과거분사 released가 적절.

04 boring 그녀는 내게 매우 지루한 영화를 추천해 주었다.

해설 영화가 지루하게 하는 것이므로 능동의 현재분사 boring이 적절.

05 Published 많은 언어로 출간되면서, 그 소설은 베스트셀러가 되었다.

해설 분사구문의 의미상 주어인 the book이 출간된 것이므로 수동과 완료의 과거분사 Published가 적절.

Chapter Exercises ①
본문 p.64

A **01** is **02** Try **03** Arriving **04** is **05** hanging **06** needs **07** sending **08** are

B **01** ○ **02** × → interesting **03** ○ **04** × → lost **05** × → crossing **06** ○ **07** × → is **08** ○

C **01** ①, ③ **02** ①, ②

D **01** delivered **02** Thinking **03** to feed **04** to borrow **05** interested

---

Ⓐ

01 is 거대한 햄버거를 파는 그 식당은 내가 가장 좋아하는 식당들 중 하나이다.

해설 현재분사구 selling huge hamburgers의 수식을 받는 The restaurant가 주어이므로 단수동사 is가 적절.

02 Try 시음을 위해 몇 잔의 와인을 마셔봐라.

해설 문장의 동사가 없으므로 동사원형 Try가 쓰여 주어가 생략된 명령문을 만드는 것이 알맞다.

03 Arriving 집에 늦게 도착해서 나는 나의 어머니께 꾸중을 들었다.

해설 뒤에 주어와 동사가 있으므로 분사구문을 만드는 분사가 자리해야 한다. 의미상 주어 I가 도착한 것이므로 능동의 현재분사 Arriving이 적절. 참고로 arrive는 자동사라 수동태를 쓰지 않는다.

04 is 이 문제들을 해결하는 가장 빠른 방법은 그에게 도와달라고 요청하는 것이다.

해설 to부정사구 to solve these problems가 주어 The fastest way를 수식하므로 단수동사 is가 적절.

05 hanging 벽에 걸려 있는 그 사진은 아프리카에서 찍혔다.

해설 뒤에 동사 was taken이 있으므로 주어 The photo를 수식하는 자리이고, hang은 '걸리다'라는 의미이므로 현재분사 hanging이 적절.

06 needs 학교 클럽에 가입하길 원하는 누구나 회비를 내야 한다.

해설 현재분사구 wanting to join the school clubs가 단수 취급하는 주어 Anyone을 수식하므로 단수동사 needs가 적절.

07 sending 그가 나에게 답장을 쓴 적이 전혀 없어서 나는 그에게 엽서 보낸 것을 후회한다.

해설 문맥상 과거 일에 대한 후회를 나타내므로 sending이 적절.

08 are 당신의 정신 상태를 점검하는 여러 가지 검사들은 당신의 건강에 필수적이다.

해설 to부정사구 to examine your mental condition이 주어 Several tests를 수식하고 있으므로 복수동사 are가 적절.

Ⓑ

01 ○ 그녀는 지난달에 그 박물관에서 그녀의 친구를 본 것을 기억했다.

해설 문맥상 과거 일에 대해 기억하는 것이므로 seeing은 적절.

02 × → interesting 낸시는 매우 흥미로운 성격을 갖고 있다.

해설 성격이 흥미를 일으키는 것이므로 능동의 현재분사 interesting으로 고쳐야 적절.

03 ◯ 아이들을 돌보는 그녀의 직업은 꽤 스트레스가 많다.

해설 문맥상 현재분사구 taking care of children이 주어 Her job을 수식하고 있으므로 단수동사 is는 적절.

04 ✕ → lost 나는 어제 식당에서 잃어버린 열쇠를 찾았다.

해설 열쇠가 분실된 것이므로 수동과 완료의 과거분사 lost로 고쳐야 적절.

05 ✕ → crossing 길을 건너던 그 남자는 신호등을 무시했다.

해설 뒤에 동사 ignored가 있고 남자가 길을 건너는 것이므로 능동과 진행의 현재분사 crossing으로 고쳐야 적절.

06 ◯ 규칙적인 휴식을 취하는 것은 너에게 더 많은 에너지를 줄 것이다.

해설 뒤에 동사 will give가 있으므로 주어구를 이끄는 동명사 Taking은 적절.

07 ✕ → is 내가 수업 시간 동안 하기 가장 어려운 일은 선생님의 질문에 대답하는 것이다.

해설 to부정사구 to do during classes가 주어 The most difficult thing을 수식하고 있으므로 단수동사 is로 고쳐야 적절.

08 ◯ 나는 이 병을 사용하기 전에 이것을 씻는 것을 잊지 않을 것이다.

해설 문맥상 미래에 할 일에 대해 잊지 않겠다는 내용이므로 to wash는 적절.

Ⓒ

01 ①, ③

해설 ① 분사구문의 의미상 주어인 문장 주어 Jack이 선출된 것이므로 Choosing을 수동과 완료의 과거분사 Chosen으로 고쳐야 적절. ③ 문맥상 해야 할 일을 잊어버린 것이므로 bringing을 to bring으로 고쳐야 적절.

① 대표로 선출되어, 잭은 큰 책임감을 느꼈다.
② 나는 그 남자가 휴지통에서 뭔가를 찾고 있는 것을 알아챘다.
③ 그녀는 그녀의 우산을 갖고 오는 걸 잊어버려서 비에 젖었다.
④ 스마트폰을 사용하는 많은 사람들은 그것에 중독되어 있다.
⑤ 그가 내 발표들 중 어느 것에도 오기를 거절한 것은 나를 슬프게 한다.

02 ①, ②

해설 ① 과거분사구 baked by my sister가 주어 The cookies를 수식하고 있으므로 was를 복수동사 were로 고쳐야 적절. ② 현재분사구 running in the playground with his friends가 주어 The boy를 수식하고 있으므로 look을 단수동사 looks로 고쳐야 적절.

① 나의 언니에 의해 구워진 쿠키들은 정말 맛있었다.
② 친구들과 함께 놀이터에서 뛰어다니는 그 소년은 신나 보인다.
③ 빨간색으로 칠해진 그 분수는 공원 한가운데에 위치해 있다.
④ 나는 전에 그에게 나쁜 말을 한 것을 후회한다.
⑤ 나의 어머니께서는 가끔 전화기를 가져가는 걸 잊고 집을 나서신다.

Ⓓ

01 delivered 나에게 배달된 상자는 크고 무거웠다.

해설 뒤에 동사 was가 있는 것으로 보아 준동사 자리로, 상자는 배달된 것이므로 수동과 완료의 과거분사 delivered가 적절.

02 Thinking 그녀의 어머니를 생각하면서, 제니는 어머니를 정말 많이 그리워했다.

해설 뒤에 주어와 동사를 갖춘 주절이 있고 의미상 주어 Jenny가 생각하는 것이므로 능동의 분사구문을 만드는 현재분사 Thinking이 적절.

03 to feed 그녀는 종종 아침에 그녀의 개에게 먹이 주는 것을 잊어서, 그 불쌍한 개는 때때로 굶주린다.

해설 문맥상 해야 할 일을 잊는 것이므로 to feed가 적절.

04 to borrow 집으로 오는 길에, 나는 저녁 식사 후에 볼 DVD를 빌리기 위해 멈췄다.

해설 문맥상 DVD를 빌리기 위해 멈춘 것이므로 to부정사 to borrow가 적절. 「stop+v-ing」는 '~하는 것을 멈추다'의 의미.

05 interested 그녀는 장애인에 관한 다큐멘터리를 본 후 사회 복지에 관심을 갖게 되었다.

해설 문맥상 주어 She가 관심을 갖게 된 것이므로 수동의 과거분사 interested가 적절.

Chapter Exercises ②　　　본문 p.66

01 ③　**02** ③

01 ③

해석 1950년대에 컴퓨터로 작업했던 프로그래머들은 예술가, 장인, 공예가와 공통점이 많았다. 창의성과 독자성의 여지가 있었다. 각각의 프로그래머를 통제하는 관리 방법들이 아직 완전히 개발되지 않았었다. 컴퓨터 관련 직업들은 훨씬 덜 제한적이었다. 숙련된 프로그래머들은 모든 훌륭한 공예가들처럼 자신들의 일에 대해 특수 지식과 이해력을 갖고 있었다. 이것은 그러나 오래 지속되지 않았다. 60년대 중반 즈음에, 경영진은 컴퓨터 작업이 다른 산업 활동들과 긴밀히 연결되게 했는데, 이것은 본질적으로 그들이 프로그래밍이 엄격히 통제되는 과정이기를 원한다는 것을 의미했다.

해설 (A) 분사가 수식하는 명사 programmers가 일하는 것이므로 능동의 현재분사 working이 적절. (B) 주어는 to control each programmer의 수식을 받는 Management methods이므로 복수동사 were가 적절. (C) want는 목적격보어로 to부정사를 취하는 동사이므로 to be가 적절.

구문 [8~12행] By the mid-60s, ~, and this essentially meant / **that** they wanted programming to be a strictly controlled process.

• 접속사 that이 이끄는 절은 동사 meant의 목적어인 명사절로 '~라는 것'의 의미이다.

02 ③

해석 탄소 발자국은 한 국가나 조직, 개인에 의해 만들어지는 이산화탄소의 연간 양이다. 이산화탄소는 극지방의 얼음을 녹일 정도로 지구를 덥힐 수 있으므로 우리의 탄소 발자국을 줄이는 일은 확실히 중요하다. 그렇다면 어떻게 당신의 탄소 발자국을 줄일 수 있을까? 그저 당신의 생활양식에 간단한 변화를 줘라. 한번 당신의 실내 온도를 2도 조정해 보아라. 그것은 당신의 연간 탄소 발자국을 약 1톤 정도 줄일 수 있다. 실제로 당신의 탄소 발자국의 가장 큰 부분들 중 하나는 당신의 집을 따뜻하게 하고 시원하게 하는 것이다. 아마도 미래에 우리 모두는 우리의 개인적인 탄소 발자국이 사라지게 할 정도로 충분히 친환경적 마인드를 갖게 될 것이다.

해설 ③ 문장이 성립하기 위한 기본 조건인 동사가 없으므로 making을 동사 make로 고쳐야 적절. 동사로 시작하는 명령문으로 앞에 주어

you가 생략되어 있다.

오답분석 ① 이산화탄소가 나라, 조직, 개인에 의해 만들어지는 것이므로 carbon dioxide를 수식하는 수동의 과거분사 produced는 적절. ② so로 이어지는 절의 동사는 is로 준동사 자리이므로 주어구를 이끄는 동명사 reducing은 적절. ④ 「try+v-ing」는 '(시험 삼아) ~해 보다'의 의미로 문맥상 적절. ⑤ 사역동사 make는 목적격보어로 원형부정사를 취하므로 disappear는 적절.

구문 [2~4행] Carbon dioxide may warm the planet *enough* **to melt** the polar ice, / so reducing our carbon footprint is certainly important.

• to melt the polar ice는 부사 enough를 수식하는 부사 역할의 to부정사로 '~하기에'의 의미.

[8~10행] Indeed, **one** of the largest parts of your carbon footprint / **is** heating and cooling your house.

• 전명구 of the largest parts of your carbon footprint가 주어 one을 수식하여 단수동사 is가 온다. 이때의 one은 a part의 의미.

[10~12행] Maybe in the future / we will all be *green-minded* **enough to make** our personal carbon footprints disappear.

• '~할 만큼 충분히 …한'의 의미인 「형용사+enough to-v」 구문. 이때의 enough는 부사로서 형용사 green-minded를 뒤에서 수식한다.

어법 Point Summary

본문 p.67

① 준동사　　　　④ 수일치
② v-ing　　　　 ⑤ 능동
③ to-v　　　　　⑥ 수동

Part 5 접속사, 절

Chapter ⑲ 등위절과 명사절

Unit 01 등위접속사 & 상관접속사 본문 p.70

CHECK UP

1. **but** 승무원들이 저녁 식사를 제공했지만, 나는 먹지 않았다.
   해설 문맥상 앞의 내용과 대조적인 내용이 나오므로 but이 적절.

2. **and** 앤은 저녁을 요리하고 있고 동시에 전화 통화를 하고 있다.
   해설 문맥상 동시에 두 가지 일을 하고 있는 것이므로 and가 적절.

3. **Neither** 도서관도 서점도 그 책을 가지고 있지 않다.
   해설 뒤에 nor가 있으므로 'A도 B도 ~ 아닌'의 의미를 나타내는 상관접속사 neither A nor B가 적절.

Practice

Ⓐ

01 **and** 사라는 작별 인사를 하고, 자신의 차에 타서, 차를 몰고 떠났다.
   해설 문맥상 세 개의 동사가 순차적으로 이어지고 있으므로 and가 적절.

02 **nor** 그녀도 나도 그의 전화번호를 모른다.
   해설 'A도 B도 ~ 아닌'의 의미의 상관접속사 neither A nor B가 사용된 문장이다.

03 **both** 친구들은 좋을 때와 나쁠 때 모두 서로를 위해 그 자리에 있다.
   해설 뒤에 and가 있는 것으로 보아 'A와 B 모두[둘 다]'의 의미의 상관접속사 both A and B가 적절. 상관접속사의 A, B 자리에는 이와 같이 전명구도 올 수 있다.

04 **but** 영어는 대학에 들어가기 위해서뿐만 아니라, 직업을 구하기 위해서도 매우 유용하다.
   해설 'A뿐만 아니라 B도'의 의미의 상관접속사 not only A but (also) B가 사용된 문장으로서 also는 생략 가능.

05 **either** 우리는 즉시 결정해야 한다. 너는 "네" 또는 "아니요" 중 하나로 대답해야만 한다.
   해설 뒤에 or가 있으므로 'A와 B 둘 중 하나'의 의미의 상관접속사 either A or B가 적절.

Ⓑ

01 **✗→not** 나의 새 휴대폰은 은색이 아니고 검은색이다.
   해설 문맥상 대조를 나타내는 not A but B가 적절.

02 ○ 나의 남동생과 나의 여동생은 둘 다 고기를 먹지 않는다.
   해설 both A and B는 복수 취급하므로 don't는 적절.

03 **✗→or** 주말에 나는 소설을 읽거나 TV를 보면서 내 시간을 보낸다.
   해설 앞에 either가 있으므로 'A와 B 둘 중 하나'의 의미의 상관접속사

either A or B가 적절.

04 **✗→or** 네 약속을 지켜라, 그렇지 않으면 넌 네 친구들을 잃을 것이다.
   해설 문맥상 '~해라, 그렇지 않으면 …'의 의미가 되는 「명령문+or …」가 적절하므로 or가 적절.

05 ○ 나는 고양이도 개도 좋아하지 않는다.
   해설 'A도 B도 ~ 아닌'의 의미를 나타내는 neither A nor B는 적절.

Ⓒ

01 **the winners and the losers enjoyed a party**

02 **goes to school but (also) has a part-time job**

03 **Neither she nor her husband**

Unit 02 접속사로 시작하는 명사절 본문 p.72

CHECK UP

1. **that he doesn't understand English: O** 나는 그가 영어를 알아듣지 못한다고 생각한다.

2. **whether she can be here by 5 o'clock or not: C** 문제는 그녀가 5시까지 이곳에 올 수 있는지 없는지이다.
   해설 주어인 The problem을 서술하는 보어로 쓰인 whether 명사절이다.

3. **if Becky will attend the charity event: O** 나의 친구들과 나는 베키가 그 자선 행사에 참석할 것인지 알고 싶다.

Practice

Ⓐ

01 **that he suffered ~** 나는 그가 심각한 병을 앓고 있다는 걸 깨닫지 못했다.

02 **that stress causes ~** 그 연구는 스트레스가 암을 유발한다는 것을 암시한다.

03 **that dreams tell ~** 심리학자들은 꿈이 미래보다 우리의 과거에 대해 더 많이 말해 준다고 믿는다.

04 **that she doesn't have ~** 나의 추측은 그녀가 저 모자를 살 만큼 충분한 돈을 가지고 있지 않다는 것이다.

Ⓑ

01 **that** 네 약점은 네가 너무 많이 생각한다는 것이다.
   해설 보어로 쓰인 that절이 주어를 보충 설명한다.

02 **whether** 나의 걱정은 그 전자레인지가 수리될 것인지 아닌지이다.
   해설 뒤에 or not이 쓰였고 보어절을 이끄는 자리인 것으로 보아

whether 명사절이 적절. if절은 보어로 쓰이지 않는다.

03 **that** 많은 학생들이 그들의 새 교복이 좋아 보이지 않는다고 불평했다.
해설 동사 complained의 목적어절로 쓰인 that절.

04 **whether[if]** 나는 그 여자에게 그녀의 옆자리가 비었는지 아닌지 물었다.
해설 ask A B (A에게 B를 묻다)에서 B에 해당하는 직접목적어절을 이끄는 자리이다. 끝에 or not이 있는 것으로 보아 whether 또는 if가 올 수 있다.

ⓒ

〈보기〉 네가 이사를 간다는 것이 사실이니?

01 **whether Junho will stay at home or not** 나는 준호가 내일 집에 머무를 것인지 아닌지 궁금해.

02 **that she will do better next time** 너는 그녀가 다음번에 더 잘 할 것이라고 믿니?

03 **if she enjoyed the concert or not** 나는 그녀가 그 콘서트를 즐겼는지 아닌지 모른다.

Unit 03 의문사로 시작하는 명사절 본문 p.74

CHECK UP

1. **what I asked for: O** 너는 내가 부탁한 것을 나에게 주지 않았다.

2. **where we would stay in Paris: C** 문제는 우리가 파리에서 어디에 묵을 것인지였다.

3. **who will go on the business trip in July: S'** 누가 7월에 출장을 갈 것인지는 아직 정해지지 않았다.

Practice

Ⓐ

01 **where** 우리가 만나기 전에 네가 어디에 있을 것인지 나에게 알려줘.

02 **how** 나는 내가 다른 사람들에게 어떻게 보이는지 신경 쓰지 않는다.

03 **who** 너는 린다가 누구와 함께 사는지 아니?

04 **why** 나는 그가 왜 로맨틱 영화들을 안 좋아하는지 모른다.

Ⓑ

01 **Do you think what animal → What animal do you think** 너는 어떤 동물이 가장 영리하다고 생각하니?
해설 의문사 간접의문문이 do you think의 목적어로 쓰이면 의문사가 문장 맨 앞으로 와 「의문사+do you think ~?」의 어순이 된다.

02 **What do you know → Do you know what** 너는 내일 날씨가 어떨 것 같은지 아니?
해설 know는 뒤에 의문사 간접의문문을 그대로 취한다.

03 **will I → I will** 나는 내년에 내가 어느 대학에 다닐지 예측하지 못하겠다.
해설 의문사 which 바로 뒤에 명사가 온 간접의문으로 「which+명사+주어+동사」의 어순이 된다.

04 **was the plane → the plane was** 그 조종사는 왜 비행기가 연착되었는지 설명했다.
해설 의문사 간접의문문의 어순은 「의문사+주어+동사」이므로 the plane was로 고쳐야 적절.

05 **will it → it will** 너는 내가 이 일을 끝내는 데 얼마나 오래 걸릴 거라고 생각하니?
해설 do you suppose의 목적어로 사용된 「의문사+주어+동사」의 간접의문문이므로 it will로 고쳐야 적절.

ⓒ

01 Where Alice went

02 which[what] foreign language I should choose

03 Why do you think (that) she is angry at you

04 I want to know how you made the table

Chapter Exercises 본문 p.76

A **01** if **02** but **03** that **04** when **05** are

B **01** ⑤ **02** ②

C **01** ④ **02** ②

D **01** ① **02** ④

E **01** that **02** if[whether] **03** that
04 whether **05** what **06** Who

F **01** both time and money
02 what did you say your name was
03 believe that Nicolas became
04 how perfectly the swimmer swam
05 if the hotel is close to the airport or not

G **01** The result was neither good nor bad.
02 She as well as you has to attend the wedding ceremony.
03 I expected that Ted would win the race.
04 Do you know if the bus stops here?
05 I wonder whether Sam likes Jennifer or not.
06 I don't remember what Sally was wearing at the party.
07 Let's ask him which one he wants.
08 I don't know when my friends will visit my house.

Ⓐ

01 **if** 나는 내가 수잔의 마음을 바꿀 수 있는지 잘 모르겠다.
해설 문맥상 '~인지'를 의미하는 if가 적절.

02 **but** 샐리는 근면하지만, 어제 숙제를 하지 않았다.
해설 뒤에 대조되는 내용이 나오므로 but이 적절.

03 **that** 나는 그녀가 어머니의 조언을 따라야 한다고 생각한다.
해설 문맥상 동사 think의 목적어절을 이끄는 접속사 that이 적절.

04 when 나는 그녀가 여기를 언제 떠났는지 모른다.
해설 문맥상 '언제'를 의미하는 when이 적절.

05 are 나의 형과 남동생은 둘 다 소방관이다.
해설 both A and B는 복수 취급하므로 복수동사 are가 적절.

Ⓑ

01 ⑤
• 나는 그녀의 이름도 그녀의 나이도 모른다.
해설 앞에 neither가 있으므로 neither A nor B의 형태로 'A도 B도 ~ 아닌'의 의미를 나타내는 nor가 적절.
• 그는 모바일 게임을 했었지만, 지금은 하지 않는다.
해설 앞뒤의 내용이 서로 대조적이므로 but이 적절. 「used to+동사원형」은 '~하곤 했었다'는 과거의 습관을 나타낸다.
• 너는 에릭과 에이미 둘 다를 우리의 파티에 초대할 거니?
해설 뒤에 and가 있으므로 both A and B 구문이 적절.

02 ②
• 네가 저 드레스를 50% 할인받았다는 것이 놀랍다.
해설 앞에 가주어 It이 쓰였고, 진주어절을 이끄는 that이 적절.
• 나는 내 꿈이 무엇인지에 대해 생각하고 있다.
해설 전치사 about의 목적어인 간접의문문에서 문맥상 '무엇'의 의미가 자연스러우므로 what이 적절.
• 나는 그 박물관이 오늘 여는지 아닌지 모른다.
해설 뒤에 or not이 있는 것으로 보아 if가 적절.

Ⓒ

01 ④
해설 〈보기〉의 that절은 앞에 가주어 it이 있는 것으로 보아 진주어 역할을 하는 명사절이다. ④ 가주어 It이 쓰였고 that절이 진주어이다.
〈보기〉 피터가 경찰이 되었다는 게 사실이니?
① 나는 커피를 시킬지 차를 시킬지 결정을 못 하겠어.
② 나는 이 차가 얼마나 빠른지 모른다.
③ 충격적인 소식은 샘이 다음 달에 헬렌과 결혼한다는 것이다.
④ 우리가 그 배우를 인터뷰할 수 있을지는 그의 일정에 달려 있다.
⑤ 제가 이 의자들을 어디에 둬야 하는지 말해 주세요.

02 ②
해설 〈보기〉의 that절은 동사 said의 목적어절이다. ② if절은 동사 hope의 목적어절이다.
〈보기〉 그녀는 그녀의 선생님이 정말 관대한 분이라고 말했다.
① 내 의견은 우리 선생님께서 우리에게 숙제를 덜 내주셔야 한다는 것이다.
② 나는 네가 좋은 의사가 되길 바란다.
③ 내 요점은 학생들이 집에서 공손하게 행동하는 법을 배워야 한다는 것이다.
④ 그녀가 어떻게 이곳에 그렇게 일찍 도착했는지는 미스터리이다.
⑤ 조슈아와 내가 내일 점심을 먹을지 저녁을 먹을지는 확실치 않다.

Ⓓ

01 ①
해설 나머지는 각각 ② is my gift for Leo → my gift for Leo is, ③ are → is, ④ if → that, ⑤ and → or로 고쳐야 옳다.
① 제게 당신이 오늘 언제 영화를 보러 가고 싶은지 말해 주세요.
② 너는 레오를 위한 내 선물이 뭐라고 생각하니?

③ 월요일이 아닌 금요일이 내 학교의 졸업식이다.
④ 나는 그녀가 그녀의 고소 공포증을 이겨낼 것이라고 믿는다.
⑤ 너는 어떤 색깔을 좋아하니, 파랑, 초록 아니면 노랑?

02 ④
해설 나머지는 각각 ① will it → it will, ② aren't → am not, ③ likes → like, ⑤ is the author of this book → the author of this book is로 고쳐야 옳다.
① 너는 음식이 배달되는 데 얼마나 걸릴 것이라고 생각하니?
② 지미뿐만 아니라 나도 17살이 아니다.
③ 에이미도 나도 공포 영화를 좋아하지 않는다.
④ 마이클은 동물 보호소에서 일하고 싶다고 말했다.
⑤ 너는 이 책의 작가가 누구인지 아니?

Ⓔ

01 that 나는 우리가 영화에 늦을 거라고 생각하지 않아.
해설 문맥상 목적어절을 이끄는 that이 적절.

02 if[whether] 내일 비가 올 것인지 제게 말해 줄 수 있나요?
해설 동사 tell의 직접목적어절을 이끄는 자리에 문맥상 '~인지 (아닌지)'를 의미하는 if[whether]가 적절.

03 that 나는 그가 해외 유학을 포기하기로 결정했다고 추측한다.

04 whether 그녀의 가장 큰 걱정은 그녀가 자신의 수줍음을 극복할 수 있는지이다.
해설 문맥상 보어로 쓰이는 whether 명사절이 적절.

05 what 민호는 그가 어제 무엇을 했는지 내게 말하기를 거부했다.
해설 문맥상 '무엇'을 의미하는 의문사 what이 적절.

06 Who 누가 그 샌드위치를 먹었는지는 여전히 미스터리이다.
해설 문맥상 '누가'를 의미하는 의문사 Who가 적절.

Ⓕ

01 both time and money
02 what did you say your name was
03 believe that Nicolas became
04 how perfectly the swimmer swam
05 if the hotel is close to the airport or not

Ⓖ

01 The result was neither good nor bad.
02 She as well as you has to attend the wedding ceremony.
03 I expected that Ted would win the race.
04 Do you know if the bus stops here?
05 I wonder whether Sam likes Jennifer or not.
06 I don't remember what Sally was wearing at the party.
07 Let's ask him which one he wants.
08 I don't know when my friends will visit my house.

Chapter ⑳ 부사절

Unit 01 부사절 접속사 (1) 시간 / 이유
본문 p.82

CHECK UP

1. leaves 우리는 기차가 출발하기 전에 역에 도착해야 한다.
> 해설 before는 '~하기 전에'라는 뜻의 시간을 나타내는 접속사이다. 시간의 부사절에서는 미래를 현재 시제로 나타내므로 leaves가 적절.

2. now that 비가 그쳤으니 너는 산책하러 가고 싶니?
> 해설 문맥상 이유를 나타내는 now that이 적절.

3. as 토니는 찬장에서 그 유리잔을 꺼내다가 그것을 떨어뜨렸다.
> 해설 문맥상 '~하면서'의 의미를 나타내는 접속사 as가 적절.

4. until 부드러워질 때까지 감자를 삶아라.
> 해설 while은 '~하는 동안'이라는 뜻이고, until은 '~할 때까지'라는 뜻이다.

Practice

Ⓐ

01 until 그 회의는 모든 멤버들이 참석할 때까지 미루어졌다.
> 해설 문맥상 '~할 때까지'의 뜻이므로 until이 적절.

02 before 우리에게는 영화가 시작하기 전에 5분이 있다.
> 해설 문맥상 '~하기 전에'라는 뜻이므로 before가 적절.

03 after 내가 이 일을 끝낸 후에 너에게 전화할게.
> 해설 문맥상 '~한 후에'라는 뜻이므로 after가 적절.

04 while 야구 경기를 보고 있는 동안 너는 주로 무슨 종류의 간식을 먹니?
> 해설 문맥상 '~하는 동안'이라는 뜻이므로 while이 적절.

05 because 사람들은 값이 싸고 먹기 쉽기 때문에 팝콘을 좋아한다.
> 해설 문맥상 '~이기 때문에'라는 뜻이므로 because가 적절.

Ⓑ

01 until 그 식당이 문을 열 때까지 기다리자.
> 해설 문맥상 '~할 때까지'라는 뜻의 until이 적절. after는 '~한 후에'라는 의미이다.

02 since 어린아이일 때부터 나는 물건을 만드는 것에 관심이 있었다.
> 해설 현재완료 시제와 함께 쓰여 문맥상 '~한 이래로'라는 뜻을 나타내는 since가 적절.

03 While[When] 내가 샤워를 하고 있는데, 물이 갑자기 나오는 것을 멈췄다.
> 해설 문맥상 '~하는 동안'의 의미인 While 또는 '~할 때'의 의미인 When이 적절.

04 meet 우리가 내일 만나면, 너에게 내 새 자전거를 보여 줄게.
> 해설 When이 이끄는 시간의 부사절에서는 미래를 현재 시제로 나타낸다.

Ⓒ

01 <u>집에 오자마자</u> 그는 컴퓨터를 켠다.

02 <u>학교를 졸업한 후에</u>, 그녀는 직업을 얻을 것이다.

03 <u>그가 나를 만나러 왔을 때</u> 나는 사무실 밖에 있었다.

04 <u>그들이 나와 가까이 살기 때문에</u>, 나는 그들을 꽤 자주 본다.

05 <u>당신의 이름이 불릴 때까지</u> 여기서 기다려 주세요.

Unit 02 부사절 접속사 (2) 대조 / 조건 / 목적·결과
본문 p.84

CHECK UP

1. Unless 네가 행사에 참석하지 않으면, 내가 대신 참석할게.

2. Though 비록 그녀가 나이는 많지만 여전히 건강하다.

3. so that 상하지 않도록 우유를 냉장고에 넣어라.
> 해설 문맥상 '~하기 위해서'라는 뜻의 so that ~이 적절.

Practice

Ⓐ

01 Though 사막의 낮은 덥지만, 밤은 춥다.

02 If 네가 최선을 다한다면, 너는 좋은 점수를 받을 것이다.

03 unless 네가 매우 느리게 말하지 않는다면 그는 너를 이해하지 못할 것이다.

04 so 나는 그녀를 너무 오랫동안 못 봐서 그녀의 얼굴을 기억할 수 없다.
> 해설 so 뒤에는 형용사나 부사가 오고 such 뒤에는 명사가 온다.

05 while 과학자는 머리로 세계를 이해하려고 노력하지만, 반면에 시인은 마음으로 그것을 이해하려고 노력한다.

Ⓑ

01 so 그 책은 너무 좋아서 나는 그것을 내려놓을 수 없었다.

02 unless 죄송하지만, 예약을 하지 않으시면 진찰을 받으실 수 없습니다.

03 such 그것은 너무 멋진 영화라서 나는 그것을 다섯 번 봤다.

04 arrives 만약 존이 또 학교에 늦게 오면 선생님께서 화가 나실 것이다.
> 해설 시간과 조건의 부사절에서는 미래를 현재 시제로 나타낸다.

Ⓒ

01 unless she apologizes 그녀는 나에게 사과해야만 한다. 그렇지 않으면 나는 그녀와 다시는 말하지 않을 것이다. = 그녀가 나에게 사과하지 않는다면 나는 그녀와 다시는 말하지 않을 것이다.

02 if you don't 만약 네가 여권을 갖고 있지 않다면 너는 외국으로 여행할 수 없다.
> 해설 unless는 if ~ not으로 바꿔 쓸 수 있다.

03 Though[Although] her grades were 그녀의 낮은 점수에도 불구하고, 그녀는 대학에 입학이 허가되었다. = 비록 그녀의 점수가 낮았지만, 그녀는 대학에 입학이 허가되었다.

04 **so that** 딕은 내년 여름에 유럽을 여행하기 위해 돈을 모으고 있다.

05 **so difficult that** 그것은 너무 어려운 시험이어서 아무도 그것을 통과할 수 없었다. = 그 시험은 너무 어려워서 아무도 그것을 통과할 수 없었다.

Chapter Exercises

A **01** ④ **02** ① **03** ⑤ **04** ④
B ⑤
C **01** ⓐ **02** ⓑ **03** ⓓ **04** ⓒ **05** ⓑ **06** ⓓ
D ④
E **01** ③ **02** ②
F ②
G **01** ③ **02** ④
H **01** ○ **02** × → If **03** × → so
　 04 ○ **05** × → go out
I **01** so that **02** so, that
J **01** Before he goes to bed
　 02 because they are very lovely
　 03 Although we are not rich
　 04 While he cleaned the room
K **01** when I washed[was washing] the dishes
　 02 Unless you go to bed now
　 03 Since it was snowing

Ⓐ

01 ④ 내 모든 강의들을 통과하지 않으면 나는 학교를 졸업할 수 없다.
　　 해설 문맥상 '~하지 않으면'이라는 뜻의 unless가 적절.

02 ① 네가 영화 티켓값을 냈으니까, 내가 우리의 저녁값을 낼 수 있게 해 줘.
　　 해설 문맥상 '~이기 때문에'라는 뜻의 since가 적절.

03 ⑤ 불을 보자마자, 나는 소방서에 전화했다.
　　 해설 문맥상 '~하자마자'라는 뜻의 as soon as가 적절.

04 ④ 돈이 거의 없었기 때문에, 그는 식사를 하러 그 식당에 들어갈 수 없었다.

Ⓑ ⑤
　 해설 문맥상 '~이기 때문에'라는 뜻의 이유를 나타내는 접속사가 필요하다.
　 ① 이 편지 쓰는 것을 끝내면 내가 너를 도와줄게.
　 ② 내가 잠에서 깼을 때, 태양은 밝게 빛나고 있었다.
　 ③ 그 과정을 다 끝내면, 당신은 자격증을 받을 수 있다.
　 ④ 나의 엄마는 요리하실 때 보통 혼자서 콧노래를 부르신다.
　 ⑤ 나는 약속이 있기 때문에 지금 떠나야 한다.

Ⓒ

01 ⓐ 내가 없는 동안 내 개 좀 돌봐 줘.

02 ⓑ 날씨가 더우니까, 수영하러 가자.

03 ⓓ 비록 서로 자주 보지 못하지만, 우리는 좋은 친구이다.

04 ⓒ 선수들은 경기가 끝날 때까지 최선을 다했다.

05 ⓑ 시간이 많이 없기 때문에, 우리는 서둘러야 한다.

06 ⓓ 비록 그 개가 사납지만, 사람을 물지는 않는다.

Ⓓ ④
　 해설 문맥상 부사절이 앞내용의 이유를 설명하고 있으므로 though를 because(~이기 때문에) 등의 이유를 나타내는 접속사로 고쳐야 옳다.
　 ① 시간을 절약할 수 있기 위해서 나는 전철을 탈 것이다.
　 ② 그 다리가 지어지기 전에 긴 시간이 걸릴 것이다.
　 ③ 아침을 먹지 않으면 너는 수업 시간 동안 배가 고파질 것이다.
　 ④ 이웃들이 소음을 많이 냈지만(→ 내서) 나는 잠을 잘 수가 없었다.
　 ⑤ 그는 지난밤에 자는 동안 여러 번 깼다.

Ⓔ

01 ③
　　 해설 '~하는 동안'이라는 뜻과 '~인 반면에'라는 뜻을 모두 가지고 있는 접속사는 while이다.
　　 • 그녀가 학교에 있는 동안 우리는 깜짝 파티를 준비했다.
　　 • 서로 다른 의견을 가지고 있지만, 그들은 함께 일하는 데 문제가 없다.

02 ②
　　 해설 '~인[한] 이래로'라는 뜻과 '~이기 때문에'라는 뜻을 모두 가지고 있는 접속사는 since이다.
　　 • 우리는 어릴 때부터 가장 친한 친구였다.
　　 • 당신은 더 이상 여기 회원이 아니기 때문에 당신의 도서관 카드를 더는 쓸 수 없습니다.

Ⓕ ②
　 해설 ②의 when은 목적어 역할을 하는 명사절을 이끄는 의문사이고, 나머지의 when은 부사절을 이끄는 접속사이다.
　 ① 거기에 도착하면 너에게 전화할게.
　 ② 너는 다음 공연이 언제인지 아니?
　 ③ 나는 아침에 일어나면 항상 한 잔의 물을 마신다.
　 ④ 그 학생들은 그 소식을 들었을 때 충격을 받았다.
　 ⑤ 하늘을 봤을 때, 나는 많은 빛나는 별들을 봤다.

Ⓖ

01 ③
　　 해설 ③의 as는 '~이기 때문에'라는 뜻으로 〈보기〉와 같은 의미로 쓰였다.
　　 〈보기〉 롤러코스터들이 너무 무섭기 때문에 나는 그것들을 타는 것을 좋아하지 않는다.
　　 ① 내가 그를 지나쳤을 때 그는 구내식당에 가는 중이었다.
　　 ② 나이가 들수록, 그녀는 아름다워졌다.
　　 ③ 그들은 충분한 돈을 모았기 때문에 호주로 여행할 수 있다.
　　 ④ 제발 내가 말한 대로 해줘.
　　 ⑤ 내가 운전하는 동안 비가 아주 많이 왔다.

02 ④
　　 해설 ④의 while은 '~인 반면에'라는 뜻으로 〈보기〉와 같은 의미로 쓰였다.
　　 〈보기〉 그녀는 하이킹 가는 것을 좋아하는 반면에, 그녀의 언니는 그것을

20 정답 및 해설

좋아하지 않는다.
① 내가 욕실을 청소하는 동안 전화벨이 여러 번 울렸다.
② 내가 잠을 자고 있는 동안, 나의 언니가 내 신발을 가져갔다.
③ 나는 운전하는 동안 대개 라디오를 듣는다.
④ 어떤 사람들은 비만으로 고생하지만, 반면에 다른 사람들은 굶주리고 있다.
⑤ 나의 아내가 채소를 썰고 있는 동안, 나는 물을 끓였다.

Ⓗ

01 ◯ 우리는 그 야구 경기가 자정에 끝날 때까지 그것을 봤다.

02 ✕ → If 만약 마지막 전철을 놓치면, 우리는 걸어야 할 것이다.
해설 '~한다면'이라는 뜻의 If가 알맞다.

03 ✕ → so 그 아나운서는 너무 빨리 말해서 나는 메모를 할 수 없다.
해설 such는 명사를 수식하고 so는 형용사나 부사를 수식하는데 뒤에 형용사 fast가 있으므로 such를 so로 고쳐야 알맞다.

04 ◯ 나는 너무 피곤했기 때문에, 저녁을 거르고 자러 갔다.

05 ✕ → go out 너는 외출하기 전에 이 일을 다 끝내야 한다.
해설 시간의 부사절에서는 미래를 현재 시제로 나타낸다.

Ⓘ

01 so that 학교 버스를 놓치지 않기 위해서 빨리 출발해라.

02 so, that 물이 너무 뜨거웠다. 그래서 나는 손을 데었다. = 물이 너무 뜨거워서 나는 손을 데었다.

Ⓙ

01 Before he goes to bed 그는 샤워를 한다. 그다음, 그는 자러 간다. → 자러 가기 전에, 그는 샤워를 한다.

02 because they are very lovely 나는 강아지들을 좋아한다. 강아지들은 매우 사랑스럽다. → 나는 강아지들이 매우 사랑스럽기 때문에 그것들을 좋아한다.

03 Although we are not rich 우리는 부자가 아니다. 우리는 행복하다. → 비록 부자는 아니지만, 우리는 행복하다.

04 While he cleaned the room 그는 방을 청소했다. 그녀는 같은 시간에 저녁을 요리했다. → 그가 방을 청소하는 동안, 그녀는 저녁을 요리했다.

Ⓚ

01 when I washed[was washing] the dishes

02 Unless you go to bed now

03 Since it was snowing

Chapter ㉑ 가정법

Unit 01 가정법 과거/과거완료 본문 p.92

CHECK UP

1. **had known: ⓐ, would have written: ⓒ** 만약 내가 그가 떠난다는 걸 알았더라면, 나는 그를 위해 편지를 썼을 텐데.
해설 과거 일에 대한 반대의 상황을 가정하는 가정법 과거완료 형태이다.

2. **met: ⓑ, would borrow: ⓓ** 만약 내가 네이트를 만난다면, 나는 그의 노트북을 빌릴 텐데.
해설 현재 일에 대한 반대의 상황을 가정하는 가정법 과거 형태이다.

Practice

Ⓐ

01 had 만약 잭이 이번 주에 자유 시간이 있다면, 그는 그의 친구들을 방문할 텐데.
해설 주절의 동사 형태가 「조동사 과거형 would+동사원형」이고 문맥상 현재/미래를 반대로 가정하는 가정법 과거이다. 따라서 If절의 동사도 have의 과거형인 had로 고쳐야 적절.

02 were[was] 만약 오늘 날씨가 좋다면, 우리의 등산은 취소되지 않을 텐데.

03 had found 만약 우리가 그를 더 일찍 발견했다면, 우리는 그를 구할 수 있었을 텐데.
해설 주절의 동사 형태가 「조동사 과거형 would+have p.p.」이고 문맥상 과거 사실을 반대로 가정하는 가정법 과거완료 형태이다. 따라서 If절의 동사도 과거완료형인 had found로 고쳐야 적절.

04 were 만약 내가 부자라면, 나는 내 돈을 집이 없는 사람들을 위해 쓸 텐데.
해설 가정법 과거는 현재 일에 대한 반대의 상황을 가정하는 것이므로 문맥상 were not을 were로 고쳐야 적절.

05 would have refused 만약 내가 너의 입장에 있었더라면, 나는 그에게 그 돈을 주는 걸 거절했을 텐데.

06 hadn't rained 만약 비가 그렇게 세차게 오지 않았더라면, 우리는 그 여행을 갈 수 있었을 텐데.

Ⓑ ③
해설 문맥상 가정법 과거완료 형태가 자연스러우므로 주절의 동사 wouldn't go를 wouldn't have gone으로 고쳐야 적절. ⑤는 있을 법한 일을 표현하는 직설법 문장이다.
① 만약 내가 그렇게 멀리 살지 않는다면, 나는 매일 학교에 걸어갈 텐데.
② 만약 그녀가 내게 그 사실을 말했다면, 나는 화가 덜 났을 텐데.
③ 만약 내가 그 박물관이 닫혔다는 걸 알았다면, 나는 거기에 가지 않았을 텐데.
④ 만약 내가 내일 일할 필요가 없다면 나는 해변에 갈 텐데.
⑤ 내가 그 가수를 만난다면, 나는 그의 사인을 부탁할 것이다.

ⓒ

01 **left, could be** 우리가 당장 떠나지 않기 때문에, 우리는 거기에 두 시까지 도착할 수 없다. → 만약 우리가 당장 떠난다면, 우리는 거기에 두 시까지 도착할 수 있을 텐데.

02 **had had, would have taken** 내가 카메라가 없었기 때문에, 나는 사진을 하나도 안 찍었다. → 만약 내가 카메라가 있었다면, 나는 사진을 몇 장 찍었을 텐데.

> **해설** 과거의 일에 대한 가정이므로 가정법 과거완료가 적절.

03 **had worked, could have made** 나는 열심히 일하지 않았다. 그래서 나는 내 꿈을 실현시킬 수 없었다. → 만약 내가 열심히 일했다면, 나는 내 꿈을 실현시킬 수 있었을 텐데.

04 **were[was] not, could go** 나는 오늘 밤에 너무 피곤하다. 그래서 나는 너와 함께 영화를 보러 갈 수 없다. → 만약 내가 오늘 밤에 너무 피곤하지 않다면, 나는 너와 함께 영화를 보러 갈 수 있을 텐데.

Unit 02 다양한 형태의 가정법   본문 p.94

CHECK UP

1. **had lived**
> **해설** 과거에 이루지 못한 일을 소망하는 표현이므로 「I wish+가정법 과거완료」가 적절.

2. **as if, were[was]**
> **해설** 주절과 동일한 때를 의미하므로 「as if+가정법 과거」가 적절.

3. **had**
> **해설** 현재와 반대되는 일을 소망하는 표현이므로 「I wish+가정법 과거」가 적절.

4. **as if, had known**
> **해설** 주절보다 앞선 과거를 나타내므로 「as if+가정법 과거완료」가 적절.

Practice

ⓐ

01 ⑤ 나는 그 시스템이 빨리 고쳐질 수 있길 바란다.
> **해설** 현재의 일에 대한 소망이므로 가정법 과거가 적절.

02 ② 브라이언은 마치 자신이 길 위의 유일한 운전자인 것처럼 운전한다.
> **해설** 주절과 동일한 때를 나타내므로 가정법 과거가 적절.

03 ⑤ 내가 학생이었을 때 과학을 더 열심히 공부했더라면 좋을 텐데.
> **해설** 과거에 이루지 못한 소망이므로 가정법 과거완료가 적절.

ⓑ

01 ✕ → **were[was]** 나는 학교 야구부에 있지 않다. 내가 그 팀에 있다면 좋을 텐데.
> **해설** 현재 이루지 못한 일에 대한 소망이므로 가정법 과거 형태가 와야 한다.

02 ✕ → **hadn't missed** 나는 내 약속에 대해 잊어버렸다. 내 약속을 놓치지 않았더라면 좋을 텐데.

> **해설** 과거에 이루지 못한 일에 대한 소망이므로 가정법 과거완료가 와야 한다.

03 ○ 제인은 마치 그녀의 고양이가 그녀를 이해하는 것처럼 그 고양이에게 말한다.
> **해설** 주절의 시제와 동일하게 '~하는 것처럼'의 의미이므로 가정법 과거 형태는 알맞다.

04 ✕ → **had watched** 그는 마치 자신이 전에 그 영화를 봤던 것처럼 그것에 대해 설명했다.
> **해설** 문맥상 explained보다 더 앞선 과거를 가정하는 내용이므로 가정법 과거완료인 had watched로 고쳐야 적절.

ⓒ ②

> **해설** 귀걸이를 잃어버린 과거의 일에 대해 사과하는 문장을 가정법으로 바꿀 때는 과거에 대한 가정인 가정법 과거완료가 와야 한다. 따라서 didn't lose를 hadn't lost로 고쳐야 적절.
> ① 나는 1등을 하고 싶지만, 난 할 수 없다.
> → 내가 1등을 할 수 있다면 좋을 텐데.
> ② 내가 네가 가장 좋아하는 귀걸이를 잃어버려서 미안해.
> → 내가 네가 가장 좋아하는 귀걸이를 잃어버리지 않았다면 좋을 텐데.
> ③ 너는 네가 아이에게 말하고 있는 것처럼 내게 말하지만, 나는 아이가 아니다.
> → 너는 내가 마치 아이인 것처럼 내게 말한다.
> ④ 내가 네 카메라를 갖고 있지 않았다면, 나는 그 아름다운 사진들을 찍지 못했을 텐데.
> → 네 카메라가 없었다면, 나는 그 아름다운 사진들을 찍지 못했을 텐데.
> ⑤ 그는 파리에 대해 매우 잘 알고 있지만, 그는 그곳에 가본 적이 없다.
> → 그는 마치 그가 파리에 가본 것처럼 파리에 대해 매우 잘 알고 있다.

Chapter Exercises   본문 p.96

A **01** ⓑ **02** ⓐ **03** ⓐ

B **01** would have **02** got **03** have given
      04 hadn't received **05** had had
      06 could appear **07** started **08** paid
      09 were

C **01** ② **02** ⑤ **03** ④

D ③

E ②

F **01** had been brave
      02 I had a little brother
      03 hadn't fallen off my bike
      04 could watch a horror movie
      05 had told me about the problem

G **01** ③ **02** ④

H **01** as if he were[was] happy
      02 I would go to the beach every day
      03 I had gone to the party with you
      04 If I had lived close to you
      05 I could speak English fluently

---

22   정답 및 해설

Ⓐ

01 ⓑ
내가 차를 갖고 있었다면, 너를 태우러 갈 수 있었을 텐데.
ⓐ 나는 어제 너를 태우러 갈 수 있었다.
ⓑ 나는 어제 너를 태우러 갈 수 없었다.
[해설] 과거의 일에 반대되는 가정을 나타내는 가정법 과거완료이다.

02 ⓐ
그가 많은 돈이 있다면, 그는 최신 컴퓨터를 살 텐데.
ⓐ 그는 최신 컴퓨터를 살 만큼 충분한 돈을 갖고 있지 않다.
ⓑ 그는 최신 컴퓨터를 살 것이다.
[해설] 가정법 과거가 쓰인 문장이므로 현재 최신 컴퓨터를 살 충분한 돈이 없다는 문장과 서로 의미가 통한다.

03 ⓐ
피터는 나의 방 안의 그 컴퓨터를 마치 그것이 자신의 것인 것처럼 사용한다.
ⓐ 나의 방 안의 그 컴퓨터는 피터의 것이 아니다.
ⓑ 나의 방 안의 그 컴퓨터는 피터의 것이다.
[해설] '마치 ~인 것처럼'의 의미인 as if 가정법을 사용해 사실과 다르게 가정한 것이므로 ⓐ가 적절.

Ⓑ

01 would have 만약 아이들이 단것을 덜 먹는다면, 그들은 더 좋은 치아를 가질 텐데.

02 got 만약 그녀가 운동을 더 한다면, 그녀는 더 나은 몸매가 될 텐데.

03 have given 만약 네가 내 의견을 물었다면, 나는 내 의견을 너에게 줬을 텐데.
[해설] 과거 사실에 반대되는 가정이므로 가정법 과거완료가 올바르다.

04 hadn't received 만약 그녀가 즉각적인 의학 치료를 받지 않았더라면, 그녀는 사망했을 텐데.
[해설] 문맥상 가정법 과거완료의 부정형이 자연스러우므로 hadn't received가 적절.

05 had had 만약 내가 고등학교에서 좋은 점수를 받았었다면, 나는 대학에 갈 수 있었을 텐데.

06 could appear 내가 TV 퀴즈 프로그램에 나올 수 있다면 좋을 텐데.
[해설] 가정법 과거가 되어야 하므로 「조동사의 과거형+동사원형」이 적절.

07 started 만약 네가 지금 공항으로 출발한다면, 너는 그녀에게 작별 인사를 할 수 있을 텐데.

08 paid 그가 수업 시간에 더 많은 주의를 기울이면 좋을 텐데.

09 were 그는 마치 자신이 63 빌딩 앞에 있는 것처럼 자세히 그것을 그렸다.

Ⓒ

01 ② 사람들이 TV를 덜 본다면, 독서할 시간을 더 많이 가질 텐데.
[해설] 주절의 동사 형태가 「조동사의 과거형+동사원형」인 점과 문맥상 현재 사실에 반대되는 가정인 점을 보아 가정법 과거가 적절.

02 ⑤ 내가 어젯밤에 너와 함께 뮤지컬을 보러 갔다면 좋을 텐데.
[해설] 과거에 이루지 못한 소망이므로 가정법 과거완료(had p.p.)가 적절.

03 ④ 너 건강 상태가 더 안 좋아지고 있니? 네가 건강 검진을 받는다면 좋을 텐데.
[해설] 현재에 대한 소망을 나타내므로 가정법 과거(동사의 과거형)가 적절.

Ⓓ **③** A: 민석이는 자기가 매우 똑똑하다고 생각해. B: 나도 동의해! 그는 선생님이 아니지만, 선생님인 것처럼 우리를 가르치려고 해.
[해설] 현재 사실에 대한 가정이므로 가정법 과거가 적절.

Ⓔ **②**
[해설] 과거에 이루지 못한 소망이므로 가정법 과거완료를 써야 하므로 started를 had started로 고쳐야 적절.
① 오늘이 휴일이 아니기 때문에 우리는 소풍을 갈 수 없다.
→ 오늘이 휴일이라면, 우리는 소풍을 갈 수 있을 텐데.
② 나는 오래전에 영어 공부를 시작하지 않아서 유감이다.
→ 내가 오래전에 영어 공부를 시작했다면 좋을 텐데.
③ 네가 나에게 전화하지 않았기 때문에 나는 너를 기다리지 않았다.
→ 네가 나에게 전화했더라면, 나는 너를 기다렸을 텐데.
④ 피터는 아파트에 살기 때문에 개를 키우지 않는다.
→ 피터가 아파트에 살지 않는다면, 그는 개를 키울 텐데.
⑤ 그는 가수가 아니지만, 그는 자신이 가수인 것처럼 노래한다.
→ 그는 마치 자신이 가수인 것처럼 노래한다.

Ⓕ

01 had been brave 나는 용감하지 않았기 때문에, 나는 제니에게 이 꽃들을 주지 못했다. → 내가 용감했더라면, 나는 이 꽃들을 제니에게 줬을 텐데.

02 I had a little brother 나는 남동생이 없기 때문에, 나는 한 명이 있길 원한다. → 내게 남동생이 있다면 좋을 텐데.

03 hadn't fallen off my bike 나는 내 자전거에서 떨어졌다. 그래서 나는 내 팔이 부러졌다. → 만약 내가 내 자전거에서 떨어지지 않았다면, 나는 내 팔이 부러지지 않았을 텐데.

04 could watch a horror movie 나는 무섭기 때문에 공포 영화를 볼 수 없다. → 만약 내가 무섭지 않다면, 나는 공포 영화를 볼 수 있을 텐데.

05 had told me about the problem 너는 내게 그 문제에 대해 말하지 않았다. 그래서 나는 널 도울 수 없었다. → 네가 내게 그 문제에 대해 말했더라면, 나는 널 도울 수 있었을 텐데.

Ⓖ

01 ③
[해설] 현재와 반대되는 가정을 나타내는 가정법 과거이므로 am을 were[was]로 고쳐야 적절.
① 만약 네가 더 많은 돈을 모았더라면, 너는 새 핸드폰을 살 수 있었을 텐데.
② 내가 작년에 요리 수업을 들었더라면 좋을 텐데.
③ 만약 내가 너라면, 나는 가족과 함께 12월 31일을 축하할 텐데.
④ 만약 네가 그 경찰관에게 물어본다면, 너는 미술관으로 가는 길을 알지 모를 텐데.
⑤ 만약 그가 서두른다면, 그는 그 콘서트를 놓치지 않을 텐데.

02 ④
[해설] 문맥상 과거와 반대되는 상황을 가정하는 가정법 과거완료이므로 would take를 would have taken으로 고쳐야 적절.
① 내가 학교에서 가장 빠른 달리기 선수라면 좋을 텐데.
② 그녀는 마치 자신이 부자인 것처럼 옷을 산다.
③ 만약 내가 작가라면, 나는 내 자신에 대해 쓸지도 모를 텐데.

④ 만약 내가 그가 아픈 걸 알았더라면, 나는 그를 돌봐 줬을 텐데.
⑤ 만약 내가 돈이 있다면, 나는 그것을 가난한 사람들을 돕는 데 쓸지도 모를 텐데.

Ⓗ

01 as if he were[was] happy

02 I would go to the beach every day

03 I had gone to the party with you

04 If I had lived close to you

05 I could speak English fluently

Chapter ㉒ 수능 빈출 어법 5

Point 01   접속사의 병렬구조

Check Up
본문 p.103

01 **make** 리사는 시간을 낭비하는 걸 멈추고 공부를 위한 계획을 짜기로 결정했다.

해설 문맥상 stop wasting time과 등위접속사 and로 연결된 병렬구조이므로 make가 적절.

02 **to skip** 저녁 식사를 하거나 혹은 그것을 거르는 것은 너의 선택이다.

해설 문맥상 to have dinner와 상관접속사 either A or B로 연결된 병렬구조이므로 to skip이 적절.

03 **wearing** 전통 춤 배우기뿐만 아니라 전통 옷 입어보기도 포함한 많은 활동들이 그 축제에서 있을 것이다.

해설 문맥상 learning traditional dance와 상관접속사 not only A but also B로 연결된 병렬구조이므로 wearing이 적절.

04 **do** 너는 샤워를 하거나 먼저 숙제를 할 수 있다.

해설 조동사 can 다음의 take a shower와 등위접속사 or로 연결된 병렬구조이므로 do가 적절.

05 **playing** 나는 종종 퇴근 후의 내 시간을 책을 읽고 기타를 치는 것 둘 다를 하는 데 보낸다.

해설 「spend+시간[돈]+v-ing」가 쓰였고, reading books와 상관접속사 both A and B로 연결된 병렬구조이므로 playing이 적절.

Point 02   구나 절 주어의 수일치

Check Up
본문 p.103

01 **is** 왜 그 컴퓨터가 오류를 보고했는지는 알려져 있지 않다.

해설 주어로 사용된 간접의문문은 단수 취급하므로 단수동사 is가 적절.

02 **is** 수영장에서 구명조끼를 입지 않는 것은 정말로 위험하다.

해설 주어로 사용된 동명사구는 단수 취급하므로 단수동사 is가 적절.

03 **was** 에이미가 그 후식을 전부 먹은 것은 우리에게 충격적이었다.

해설 주어로 사용된 that절은 단수 취급하므로 단수동사 was가 적절.

04 **takes** 너의 두려움들을 극복하는 것은 시간이 걸린다.

해설 주어로 사용된 to부정사구는 단수 취급하므로 단수동사 takes가 적절.

05 **has** 그가 유죄인지는 밝혀지지 않았다.

해설 주어로 사용된 간접의문문은 단수 취급하므로 단수동사 has가 적절.

Point 03   전치사 vs. 접속사

Check Up
본문 p.105

01 **In spite of** 그를 도와주려는 그녀의 시도에도 불구하고, 그는 그녀의 조언을 듣지 않았다.

해설 앞뒤의 내용이 서로 대조를 이루고 있고 뒤에 명사구 her attempts to help him이 왔으므로 전치사 In spite of가 적절.

02 **while** 나는 네가 공부하고 있는 동안에 이미 전화로 햄버거를 주문했다.

해설 뒤에 주어와 동사를 갖춘 절이 왔으므로 접속사 while이 적절. during 뒤에는 명사(구)가 와야 한다.

03 **because** 그가 유머러스하기 때문에 그녀는 그와 함께 이야기하는 것을 좋아한다.

해설 뒤에 주어와 동사를 갖춘 절이 왔으므로 접속사 because가 적절. because of 뒤에는 명사(구)가 와야 한다.

04 **Although** 그녀가 내 가장 친한 친구이지만, 나는 그녀가 왜 그렇게 쉽게 지루함을 느끼는지 이해하지 못한다.

해설 뒤에 주어와 동사를 갖춘 절이 왔으므로 접속사 Although가 적절. despite 뒤에는 명사(구)가 와야 한다.

05 **due to** 학생들은 그 시험 프로그램의 오류 때문에 그 시험을 치를 수 없었다.

해설 뒤에 명사구 an error with the test program이 왔으므로 전치사 due to가 적절. because 뒤에는 절이 와야 한다.

Chapter Exercises ①
본문 p.106

A **01** reading **02** During **03** is
    04 depends **05** Although 또는 Though
    06 (to) accept **07** is **08** Because of 또는 Due to

B **01** × → listening **02** ○ **03** × → is
    04 ○ **05** ○ **06** × → going
    07 × → While **08** × → focus

C **01** ②, ③ **02** ③, ④

D **01** makes **02** surfing **03** was
    04 (to) hang out **05** eating
    06 to tell **07** depends

Ⓐ

01 **reading** 너는 주말에 TV 보는 것을 선호하니 아니면 책 읽는 것을 선호하니?

해설 문맥상 watching TV와 등위접속사 or로 연결된 병렬구조이므로 reading이 적절.

02 During 그 행진 동안에 나는 나의 친구들과 많은 사진을 찍었다.

해설 뒤에 명사 the parade가 왔으므로 전치사 During으로 고쳐야 적절. 접속사 while 뒤에는 주어와 동사를 갖춘 절이 와야 한다.

03 is 자기 스스로를 용서하는 것은 다른 사람들에 의해 용서받는 것만큼 중요하다.

해설 주어로 사용된 동명사구는 단수 취급하므로 단수동사 is로 고쳐야 적절.

04 depends 그녀가 여기에 머물 것인지 아닌지는 그녀의 마음 상태에 달려 있다.

해설 주어로 사용된 간접의문문은 단수 취급하므로 단수동사 depends로 고쳐야 적절.

05 Although 또는 Though 기분이 좋지 않았지만, 그녀는 그녀의 친구와 함께 영화를 보러 갔다.

해설 뒤에 주어와 동사를 갖춘 절이 왔으므로 접속사 Although 또는 Though로 고쳐야 적절. 전치사 despite 뒤에는 명사(구)가 와야 한다.

06 (to) accept 그녀는 그 결과에 대해 불평하는 것을 멈추고 그것을 받아들이려고 노력했다.

해설 문맥상 동사 tried 다음에 to stop complaining about the result와 등위접속사 and로 연결된 병렬구조이므로 (to) accept로 고쳐야 적절.

07 is 허가 없이 이 방에 들어가는 것은 허용되어 있지 않다.

해설 주어로 사용된 to부정사구는 단수 취급하므로 단수동사 is로 고쳐야 적절.

08 Because of 또는 Due to 굳은 날씨 때문에, 우리는 우리의 여행을 취소하고 집에 머물러야 했다.

해설 뒤에 명사구 the bad weather가 왔으므로 전치사 Because of 또는 Due to로 고쳐야 적절. 접속사 Because 뒤에는 절이 와야 한다.

Ⓑ

01 ✕ → listening 피아노를 치는 것과 음악을 듣는 것 둘 다 그녀에게 흥미로웠다.

해설 playing the piano와 both A and B로 연결된 병렬구조이므로 listening으로 고쳐야 적절.

02 ○ 나는 캐나다에 가본 적이 없기 때문에, 나는 그것의 문화에 대해 항상 궁금하다.

해설 문맥상 이유를 나타내고, 뒤에 주어와 동사를 갖춘 절이 왔으므로 접속사 Because는 적절.

03 ✕ → is 그 절들이 언제 지어졌는지는 불확실하다.

해설 주어로 사용된 간접의문문은 단수 취급하므로 단수동사 is로 고쳐야 적절.

04 ○ 비록 그녀가 어리지만, 그녀는 홀로 여행할 만큼 충분히 용감하다.

해설 앞뒤의 내용이 서로 대조를 이루고 있고 뒤에 절이 왔으므로 접속사 Although는 적절.

05 ○ 충분히 자는 것은 당신의 건강을 위해 필수적이다.

해설 주어로 사용된 to부정사구는 단수 취급하므로 is는 적절.

06 ✕ → going 그녀는 낚시를 가거나 등산을 하는 것을 별로 좋아하지 않았다.

해설 going fishing과 등위접속사 or로 연결된 병렬구조이므로 going으로 고쳐야 적절.

07 ✕ → While 그녀가 아침을 요리하고 있는 동안에, 누군가 문을 두드렸다.

해설 뒤에 절이 왔으므로 접속사 While로 고쳐야 적절. 전치사 during 뒤에는 명사(구)가 와야 한다.

08 ✕ → focus 그 선생님은 그녀의 학생들에게 조용히 하고 수업에 집중하게 하셨다.

해설 사역동사 had의 목적격보어 자리로 be silent와 등위접속사 and로 연결된 병렬구조이므로 focus로 고쳐야 적절.

Ⓒ

01 ②, ③

해설 ② 접속사 Although는 뒤에 주어와 동사를 갖춘 절이 와야 하는데 명사구 her bad condition이 왔으므로 전치사 Despite[In spite of]로 고쳐야 적절. ③ 접속사 because는 뒤에 주어와 동사를 갖춘 절이 와야 하는데 명사 the heat가 왔으므로 전치사 because of로 고쳐야 적절.

① 그녀는 불을 끄고 문을 잠그는 것을 잊었다.
② 그녀의 나쁜 몸 상태에도 불구하고, 그녀는 마침내 산 정상에 도달했다.
③ 많은 사람들이 여름 동안에 더위 때문에 잘 잘 수 없다.
④ 만약 당신이 믿을 만한 사람이 되고 싶다면, 당신은 거짓말을 하지 말고 남들로부터 비밀을 지켜야 한다.
⑤ 그녀가 네 경기에서 이긴 것은 커다란 성취였다.

02 ③, ④

해설 ③ ordering online과 either A or B로 연결된 병렬구조이므로 visit을 visiting으로 고쳐야 적절. ④ 주어로 사용된 동명사구는 단수 취급하므로 복수동사 are를 단수동사 is로 고쳐야 적절.

① 영어와 중국어 둘 다 말하는 것은 나의 목표들 중 하나이다.
② 그녀가 시험에서 좋은 점수를 받지 못했지만, 그녀는 그 결과에 만족했다.
③ 당신은 온라인으로 주문하거나 저희 가게에 방문함으로써 저희 제품을 구입할 수 있습니다.
④ 하루에 적어도 30분 동안 걷는 것은 당신의 다리에 좋다.
⑤ 요가를 하는 것은 우울함을 이겨내는 데뿐만 아니라 건강을 유지하는 데도 도움이 된다.

Ⓓ

01 makes 실패를 경험하는 것은 너를 훨씬 더 강하게 만든다.

해설 주어로 사용된 동명사구는 단수 취급하므로 단수동사 makes가 적절.

02 surfing 나는 여름에 다이빙하는 것과 서핑하는 것 둘 다 즐긴다.

해설 diving과 both A and B로 연결된 병렬구조이므로 surfing이 적절.

03 was 왜 톰이 아프리카에서 돌아왔는지는 어제 그의 친구들 사이에서 뜨거운 화제였다.

해설 주어로 사용된 간접의문문은 단수 취급하므로 단수동사 was가 적절.

04 (to) hang out 낸시는 그를 다시 만나 그와 시간을 보내서 행복했다.

해설 to see him again과 등위접속사 and로 연결된 병렬구조이므로 to hang out이 적절한데 이때의 to는 생략 가능하다.

05 eating 운동을 하는 것과 적게 먹는 것 둘 다 네가 살을 빼는 데 도움을 줄 수 있다.

해설 doing exercise와 both A and B로 연결된 병렬구조이므로 eating이 적절.

06 **to tell** 너는 그에게 사실을 말할지 그것을 비밀로 할지 결정해야 한다.
해설 decide는 to부정사를 목적어로 취하는 동사이며, 뒤의 to keep it a secret과 either A or B로 연결된 병렬구조이므로 to tell이 적절.

07 **depends** 우리가 성공할 수 있는지 없는지는 보통 우리의 노력에 달려 있다.
해설 주어로 사용된 간접의문문은 단수 취급하므로 단수동사 depends가 적절.

Chapter Exercises ② 본문 p.108

01 ④ **02** ①

01 ④
해설 할레 버트빈은 2006년에 우간다를 여행하던 중에 우간다 문화와 사랑에 빠졌다. 그녀는 여성 장인(匠人)들이 옷과 액세서리 같은 그들의 물건을 판매하도록 도와주고 싶었다. 2007년에 그녀는 다른 사람들을 돕기를 희망하는 패션 회사인 '원 망고 트리'를 설립했다. 현재 이 회사는 우간다의 많은 여성 장인들과 함께 일하고 있다. 그러나 원 망고 트리는 또한 지역사회를 돕고 싶어서 여성들을 위한 교육 프로그램을 제공하고 또한 장인들의 자녀들이 학교에 다닐 수 있도록 비용도 지불한다. 원 망고 트리는 재정적으로 잘 운영하고 있지만, 단지 돈만이 아닌 그 이상의 것에 대해 신경 쓴다. 이 회사에게, 성공한다는 것은 또한 긍정적인 사회적 영향을 미치는 것도 의미한다. 이 회사는 시장에서 한 아이디어의 씨앗으로 출발했고, 원 망고 트리로 성장했다.
해설 (A) 뒤에 주어와 동사를 갖춘 절을 이끌므로 접속사 while이 적절. 전치사 during 뒤에는 명사(구)가 와야 한다.
(B) 앞에 있는 명사구 a fashion company를 수식하는 자리이고 패션 회사가 돕기를 희망한다는 의미이므로 능동의 현재분사 hoping이 적절하다.
(C) 동명사구(being successful)가 주어이므로 단수동사 means가 적절.
구문 [2~4행] She wanted to **help** female artisans **sell** *their goods*, [**like** clothes and accessories].
• help는 목적격보어로 to부정사와 원형부정사 둘 다 취한다.
• [ ] 안의 like 전명구는 their goods를 수식한다.
[4~5행] In 2007, she founded One Mango Tree, *a fashion company [hoping to help others]*.
　　　　　　　　　　　　　└────= ────┘
• One Mango Tree와 a fashion company ~ others는 콤마(,)를 사용해 동격 관계를 나타낸다.
[7~9행] ~, so it **offers** training programs for women and also **pays** *for* the children of artisans *to go* to school.
• offers ~ women과 pays ~ school은 등위접속사 and에 의해 연결된 병렬구조이다.
• 「pay for+A+to-v」는 'A가 ~하도록 비용을 지불하다'의 의미.

02 ①
해설 모든 사람은 그들의 평생에 무시되거나, 밀쳐지거나, 거절되는 것을 예상할 수 있는데, 거절이 삶의 정상적인 부분이기 때문이다. 당신은 직업을 얻지 못할지도 모르고, 반 친구들이 당신을 괴롭힐지도 모른다.

당신이 누군가에게 반하지만, 그 또는 그녀가 당신을 전혀 좋아하지 않을 수도 있다. 이런 일들 중 어떤 것이라도 당신에게 상처를 아주 많이 줄 수 있다. 그것이 바로 이런 일이 당신에게 생기면 당신이 그것을 개인적으로 받아들여서는 안 되는 이유이다. 어떤 사람이 실제로 당신을 싫어하더라도 그것이 당신을 낙심시키게 두지 말라. 거절될지도 모른다는 것을 알지만 그것을 두려워하지 말면서 계속해서 당신의 기회들을 찾아내고 한번 해봐라. 다른 사람을 만나고 미소를 유지하려고 노력해라, 그러면 당신은 성공을 거둘 것이다.
해설 문맥상 모든 사람이 무시되고, 밀쳐지고, 거절되는 것이므로 to부정사의 수동형 to be p.p.가 적절하며 ignored, pushed aside, turned away가 등위접속사 or에 의해 연결된 병렬구조.
오답분석 ② 동사 take를 수식하는 부사로서 personally는 적절. ③ 사역동사 let은 원형부정사를 목적격보어로 취하고 it(어떤 사람이 당신을 싫어하는 것)이 당신을 낙심시키게(get down) 두지 말라는 내용이므로 get은 적절. ④ exploring your opportunities와 등위접속사 and에 의해 연결된 병렬구조로 taking은 적절. ⑤ 동사 Try 다음에 오는 to meet others와 and로 연결된 병렬구조이므로 (to) keep이 된다. 뒤에 나오는 to는 생략 가능하다.
구문 [7~8행] Even if *a person actually dislikes you*, don't let **it** get you down.
• it은 앞 절의 내용을 대신 받는 대명사이다.
[8~10행] Keep exploring your opportunities and taking chances, **knowing** that you might be rejected but **not being** afraid of it.
• knowing ~ rejected와 not being ~ it은 '~하면서'의 의미로 사용된 분사구문으로 등위접속사 but에 의해 연결된 병렬구조이다.

어법 Point Summary 본문 p.109

① v-ing 　　　　　④ 전치사
② 동사원형 　　　⑤ 접속사
③ 단수동사

Part 6 관계사절

Chapter ㉓ 관계사절 1

Unit 01 관계대명사의 역할과 격 본문 p.112

CHECK UP

1. **the man, [who is looking at us]** 너는 우리를 보고 있는 저 남자를 아니?

   해설 who is looking at us가 선행사 the man을 수식하는 관계대명사절이다.

2. **houses, [which have many windows]** 나는 창문이 많은 집을 좋아한다.

   해설 which have many windows가 선행사 houses를 수식하는 관계대명사절이다.

3. **a woman, [whose hair was very long]** 나는 머리카락이 아주 긴 한 여자를 봤다.

   해설 whose hair was very long이 선행사 a woman을 수식하는 관계대명사절이다.

Practice

Ⓐ

01 **who** 건강을 잃는 사람은 모든 것을 잃는다.

   해설 선행사(He)가 사람이고, 관계대명사절의 주어 자리이므로 who가 적절.

02 **whose** 나는 어머니께서 유명한 여배우이신 친구가 있다.

   해설 선행사 a friend와 mother는 소유 관계이므로 소유격 관계대명사 whose가 적절.

03 **which** 삼백 년 전에 지어진 많은 건물들이 있다.

   해설 선행사(many buildings)가 사물이고 관계대명사절의 주어 자리이므로 which가 적절.

04 **who** 수업에 결석한 학생들은 벌을 받았다.

   해설 선행사(The students)가 사람이고 관계대명사절의 주어 자리이므로 who가 적절.

Ⓑ

01 **✗ → they 삭제** 해외여행을 하는 대부분의 사람들은 '문화 충격'을 경험한다.

   해설 관계대명사 that이 관계대명사절의 주어 역할을 하므로 they는 중복해서 쓰지 않는다.

02 ○ 헬렌 켈러는 많은 어려움을 극복한 위대한 여성이었다.

   해설 관계대명사절의 주어 역할을 하므로 주격 관계대명사 who는 적절.

03 **✗ → whose dog barks all day long** 나는 개가 온종일 짖는 이웃이 있다.

   해설 선행사 a neighbor와 dog은 소유 관계이므로 소유격 관계대명사가 와야 한다.

04 **✗ → it 삭제** 이것은 내가 지난달에 그린 그림이다.

   해설 관계대명사 which가 관계대명사절의 목적어 역할을 하므로 목적어 it은 중복해서 쓰지 않는다.

05 ○ 왜 너는 잘못되는 모든 것을 내 탓으로 돌리니?

   해설 선행사가 -thing으로 끝나는 경우 주로 관계대명사 that을 쓴다.

Ⓒ

01 **who[that] sang songs in the street** 우리는 거리에서 노래를 부르는 몇몇 소년들을 봤다.

02 **which[that] flows through the city** 그 도시를 관통하여 흐르는 그 강은 오염되어 있다.

03 **I'm looking for a person whose name is Jessica** 나는 이름이 제시카인 사람을 찾고 있다.

   해설 선행사 a person과 name은 소유 관계이다.

Unit 02 목적격 관계대명사 & 관계대명사 what 본문 p.114

CHECK UP

1. **[who I saw in the park]** 내가 공원에서 본 그 여자는 비둘기들에게 먹이를 주고 있었다.

2. **[which we went to]** 우리가 보러 간 그 영화는 재미있었다.

3. **[what you said before]** 네가 전에 말한 것을 다시 말해 줄 수 있니?

Practice

Ⓐ

01 **that** 우리가 잡은 생선은 매우 컸다.

   해설 관계대명사가 관계대명사절 내 caught의 목적어이고 선행사가 동물이므로 that이 적절.

02 **what** 나 말할 것이 있어. 나는 네가 나에게 선물로 사준 것을 잃어버렸어.

   해설 앞에 선행사가 없고, 문장의 동사 lost의 목적어절을 이끌고 있으므로 what이 적절.

03 **who** 내가 시장에서 인사한 사람들은 나의 이웃들이다.

   해설 관계대명사절 내 greeted의 목적어이므로 who가 적절.

04 **that** 마더 테레사는 가난한 사람들을 돕기 위해 그녀가 할 수 있는 모

든 일을 했다.

해설 앞에 선행사 everything이 있으므로 that이 적절.

05 **whom** 우리가 만나기로 되어 있던 사람들 중 두 명이 나타나지 않았다.

해설 관계대명사가 관계대명사절 내 meet의 목적어이고 선행사 those가 사람이므로 whom이 적절.

06 **which** 나는 매일 타는 버스가 제시간에 오지 않아서 학교에 지각했다.

해설 선행사 the bus가 있고 선행사가 관계대명사절 내 take의 목적어이므로 which가 적절.

Ⓑ

01 **that are → that you are** 네가 입고 있는 재킷은 너에게 잘 어울린다.

해설 선행사 The jacket을 관계대명사 that이 대신하고 있고 that은 관계대명사절 내 are wearing의 목적어이므로 관계대명사절의 주어가 있어야 한다. 문맥상 관계대명사절의 주어는 you가 알맞다.

02 **it 삭제** 안젤라는 그녀가 잃어버린 휴대폰을 찾고 있다.

해설 선행사 the cell phone을 가리키는 관계대명사 that이 관계대명사절의 동사 lost의 목적어이므로 중복해서 쓰지 않는다.

03 **that → which** 여기가 네가 사는 거리이니?

해설 전치사(on) 다음에는 관계대명사 that을 쓸 수 없다.

04 **that → what** 너는 네가 배운 것을 매일 복습하는 것이 좋다.

해설 관계대명사 앞에 선행사가 생략되었으므로 선행사를 포함하는 관계대명사 what이 적절.

Ⓒ

01 **what the actors are going to perform** 이 소책자는 배우들이 공연할 것에 관해 설명한다.

02 **what I can do to improve my language skills** 나는 나의 언어 능력을 향상시키기 위해서 내가 할 수 있는 것을 할 것이다.

03 **What makes me depressed** 나를 우울하게 만드는 것은 내가 너를 다시 볼 수 없을지도 모른다는 것이다.

Chapter Exercises

본문 p.116

A **01** ⓐ **02** ⓒ **03** ⓑ **04** ⓐ **05** ⓑ

B **01** ⓒ **02** ⓒ **03** ⓑ

C **01** ⑤ **02** ① **03** ① **04** ⑤

D ①

E ③

F ①

G ⑤

H **01** which → whose **02** what → who[that]
03 whom → who[that] **04** That → What
05 they 삭제

I **01** the only person that I can depend on
02 what our teacher explains
03 which we stayed at was very wonderful

J **01** which they bought last month
02 some of my classmates with whom

03 whose cultures were very different from mine
04 What I wanted to buy

Ⓐ

01 ⓐ 그 영화는 늑대들에 의해 길러진 한 소년에 대한 것이다.

해설 a boy를 수식하면서 관계대명사절의 주어 역할을 하므로 주격 관계대명사이다.

02 ⓒ 나는 그가 유명한 작가라는 것을 몰랐다.

해설 문장의 목적어 역할을 하는 명사절을 이끄는 접속사이다.

03 ⓑ 내가 거기서 인사한 여성은 내 영어 선생님이었다.

해설 The woman을 수식하면서 관계대명사절의 목적어 역할을 하므로 목적격 관계대명사이다.

04 ⓐ 그는 프랑스어를 유창하게 말할 수 있는 조수를 찾고 있다.

해설 an assistant를 수식하면서 관계대명사절의 주어 역할을 하므로 주격 관계대명사이다.

05 ⓑ 네가 추천했던 그 미술관은 정말 좋았다.

해설 The art gallery를 수식하면서 관계대명사절의 목적어 역할을 하므로 목적격 관계대명사이다.

Ⓑ

01 ⓒ

해설 선행사 the lowest price가 사물이므로 whom → which[that]가 적절.

ⓐ 존이 기다리고 있었던 그 소녀는 결코 오지 않았다.

ⓑ 우리는 접시만큼 큰 몇 개의 버섯을 먹었다.

ⓒ 이것이 당신이 저에게 줄 수 있는 가장 낮은 가격인가요?

02 ⓒ

해설 관계대명사 which가 관계대명사절의 목적어 역할을 하므로 it은 삭제하는 것이 적절.

ⓐ 역으로 가는 버스는 20분 후에 출발할 것이다.

ⓑ 우리가 카페에서 봤던 관광객들은 매우 시끄러웠다.

ⓒ 나의 아버지께서 만드신 그 탁자는 그다지 튼튼하지 않다.

03 ⓑ

해설 선행사 없이 문장의 목적어절을 이끌므로 that → what이 적절.

ⓐ 그녀의 연설을 들은 사람들은 감동했다.

ⓑ 나는 나의 부모님께서 내 생일을 위해 준비하신 것이 정말 마음에 든다.

ⓒ 그는 털이 회색인 애완 토끼를 가지고 있다.

Ⓒ

01 ⑤ 자신의 고양이가 나를 문 그 남자는 사과하지 않았다.

해설 선행사 The man과 cat은 소유 관계이므로 소유격 관계대명사가 적절.

02 ① 우리가 방문한 그 사람들은 우리에게 차와 간단한 간식을 주었다.

해설 선행사(The people)가 사람이며 관계대명사절의 목적어 역할을 하므로 who가 적절.

03 ① 깊이 잠을 자지 않는 사람들은 키가 크지 않는 것 같다.

해설 선행사(Those)가 사람이고 관계대명사절의 주어 역할을 하므로 who가 적절.

04 ⑤ 선생님께서는 그 학생이 숙제로 한 것에 만족하셨다.

해설 with 뒤에 선행사가 없고 전치사의 목적어 역할을 하는 명사절이 필요하므로 what이 적절.

Ⓓ ①

• 그 예술가는 큰 소리로 박수를 친 관중들에게 정중하게 응답했다.

해설 선행사(the audience)가 사람이고 관계대명사절의 주어 역할을 하는 관계대명사가 필요하므로 that 또는 who가 적절.

• 우리가 해야 하는 것은 업무에 집중하는 것이다.

해설 선행사를 포함하며 주어 역할의 명사절을 이끄는 관계대명사 What이 적절.

Ⓔ ③

해설 〈보기〉의 that은 뒤의 절이 선행사 the same watch를 수식하는 관계대명사이다. 문장의 목적어절을 이끄는 접속사로 사용된 ③을 제외한 나머지는 앞의 선행사를 꾸며 주는 관계대명사로 쓰였다.

〈보기〉 이것은 내가 사고 싶은 것과 똑같은 시계이다.

① 나는 지난주에 열린 축제에 관한 기사를 읽었다.

② 내가 보고 있던 그 여자아이는 미소를 지었다.

③ 나는 네가 잠깐 휴식을 취해야 한다고 생각해.

④ 나는 우리가 저녁 식사 후에 들었던 그 음악을 즐겼다.

⑤ 내가 제이슨에게서 빌린 그 디브이디들은 재미있다.

Ⓕ ①

해설 ② 전치사 about 뒤에 관계대명사 that → which, ③ what → which[that], ④ who → whose, ⑤ which → who[that]로 고치는 것이 적절.

① 이것은 내가 지금까지 본 최고의 영화이다.

② 나는 네가 전에 말한 그 애니메이션을 기억하지 못한다.

③ 이것은 자연에 관한 다큐멘터리이다.

④ 자신의 개가 공원에서 뛰고 있던 그 소녀는 매우 귀여웠다.

⑤ 채식주의자는 고기를 먹지 않는 사람이다.

Ⓖ ⑤

해설 선행사가 없으므로 ⑤의 빈칸에는 선행사를 포함하는 what이 적절하다.

① 이것은 내가 오랫동안 보고 싶었던 그 오페라이다.

② 당신이 가장 존경하는 사람에 대해 내게 말해 주세요.

③ 우리는 우리 가게를 열 번 방문하는 사람에게 무료 표를 줄 것이다.

④ 나는 도서관에서 빌린 책을 잃어버렸다.

⑤ 나는 네가 말한 것을 증거 없이는 믿을 수 없다.

Ⓗ

01 which → whose 이곳은 주인이 매우 유명한 주방장인 식당이다.

해설 선행사 the restaurant와 owner는 소유 관계이므로 whose가 적절.

02 what → who[that] 우리 집에 침입했던 도둑은 체포되었다.

해설 사람 선행사(The thief)가 있고 관계대명사절의 주어 역할을 하므로 who 또는 that이 적절.

03 whom → who[that] 우리는 이 대표 자리를 맡을 수 있는 사람을 찾고 있다.

해설 선행사가 a person이고 관계대명사절의 주어 역할을 하므로 주격 관계대명사 who 또는 that이 적절.

04 That → What 지금 내가 하고 싶은 것은 자는 것이다.

해설 선행사 없이 주어 역할을 하는 명사절을 이끄는 자리이므로 What이 적절.

05 they 삭제 나는 그 기념식에 참석했던 손님들 중 대부분을 알지 못했다.

해설 관계대명사 who가 관계대명사절의 주어 역할을 하므로 they는 삭제하는 것이 적절.

Ⓘ

01 the only person that I can depend on

02 what our teacher explains

03 which we stayed at was very wonderful

Ⓙ

01 which they bought last month 그들의 컴퓨터는 또 망가졌다. + 그들은 그것을 지난달에 샀다. → 그들이 지난달에 산 컴퓨터는 또 망가졌다.

02 some of my classmates with whom 나는 내 반 친구들 중 몇몇을 초대했다. + 나는 그들과 잘 어울린다. → 나는 내가 잘 어울리는 반 친구들 중 몇몇을 초대했다.

03 whose cultures were very different from mine 나는 많은 사람들을 만났다. + 그들의 문화는 내 것과 아주 달랐다. → 나는 문화가 내 것과 아주 다른 많은 사람들을 만났다.

04 What I wanted to buy 나는 어떤 것을 사고 싶었다. + 그것은 빨간 스웨터였다. → 내가 사고 싶었던 것은 빨간 스웨터였다.

Chapter ㉔ 관계사절 2

Unit 01 관계부사의 역할 본문 p.122

CHECK UP

1. the park, [where we met last weekend] 너는 우리가 지난 주말에 만났던 그 공원을 기억하고 있니?

2. the reason, [why he refused our offer] 나는 그가 우리의 제안을 거절한 이유를 생각해 낼 수 없다.

3. the month, [when the weather is usually the hottest] 8월은 날씨가 대체로 가장 더운 달이다.

4. the way, [my grandmother bakes muffins] 나는 나의 할머니께서 머핀을 구우시는 방법을 배우고 싶다.

해설 선행사 the way가 오면 관계부사 how는 생략된다.

Practice

Ⓐ

01 when 공룡이 지구를 지배하던 시대가 있었다.

해설 선행사가 시간(a time)이므로 when이 적절.

02 how 너는 그녀가 그 사고에서 살아남은 방법을 아니? 내가 처음부터 끝까지 설명해 줄게.

> 해설 문맥상 방법을 나타내는 관계부사 how가 적절.

03 why 나에게 네 선생님께서 화가 나신 이유를 말해 줘.

> 해설 선행사가 이유(the reason)이므로 why가 적절.

04 where 너는 우리가 신혼여행을 보낸 그 휴양지를 기억하니?

> 해설 선행사가 장소(the resort)이므로 where가 적절.

Ⓑ

01 ○ 캐시는 그녀가 태어난 도시를 방문했다.

> 해설 선행사가 장소(the town)이고, 뒤에 완전한 절이 오므로 관계부사 where는 적절.

02 ✕ → when 그녀의 인생에서 가장 좋았던 때는 모든 가족이 함께 모였을 때였다.

> 해설 선행사가 the time이므로 관계부사 when이 와야 한다.

03 ✕ → why 내가 많이 먹지 않는 이유는 다이어트 중이기 때문이다.

> 해설 선행사가 the reason이므로 why가 적절.

04 ✕ → how 삭제 네가 생각하고 행동하는 방법을 바꾸는 것은 시간과 노력이 필요하다.

> 해설 the way와 how는 함께 쓰지 않으므로 둘 중 하나는 삭제해야 한다.

05 ✕ → where 이곳이 내가 일 년 동안 일해 온 향수 가게이다.

> 해설 선행사가 장소(the perfume shop)이므로 where가 적절.

Ⓒ

〈보기〉 이것은 내가 장신구를 보관하는 서랍이다.

01 when families can discuss their lives 저녁 식사 시간은 가족들이 자기 생활에 관해 토론할 수 있는 시간이다.

02 where we stayed wasn't very clean 우리가 묵었던 그 호텔은 그다지 깨끗하지 않았다.

03 why mom hates miniskirts 나는 엄마가 미니스커트를 싫어하시는 이유를 이해할 수 없다.

04 I could solve the problem 민호는 내게 그 문제를 풀 수 있는 방법을 가르쳐 주었다.

Unit 02 관계사의 생략과 보충 설명 본문 p.124

CHECK UP

1. [I couldn't answer] 내 아들은 나에게 내가 대답할 수 없는 질문을 했다.

2. [I invited to dinner] 내가 저녁 식사에 초대한 그 부부는 30분 늦었다.

3. [I'm responsible for] 이것은 내게 책임이 있는 실수이다.

4. [when he came to see me] 나는 막 외출하려고 했는데, 그때 그가 나를 보러 왔다.

Practice

Ⓐ

01 The pictures ∨ you took 네가 찍은 사진들은 훌륭하다.

> 해설 관계대명사 which[that] 생략.

02 the time ∨ we will hold 오늘 밤은 우리가 산드라를 위해 환영 파티를 여는 시간이다.

> 해설 관계부사 when 생략.

03 The candidate ∨ I voted for 내가 찬성표를 던진 그 후보자가 선거에서 승리하지 못했다.

> 해설 관계대명사 who(m)[that] 생략.

04 the man ∨ I fell in love with 그는 내가 사랑에 빠졌던 남자이다.

> 해설 관계대명사 who(m)[that] 생략.

05 the homework ∨ she did yesterday 그녀는 그녀가 어제 한 숙제를 가져오는 것을 깜박했다.

> 해설 관계대명사 which[that] 생략.

06 the reason ∨ she has lost 나는 나라에게 그녀가 그렇게 많이 몸무게를 감량한 이유를 물었다.

> 해설 관계부사 why 생략.

07 anything ∨ you have questions about 네가 의문이 있는 무엇이든지 논의해라.

> 해설 관계대명사 which[that] 생략.

Ⓑ ④

> 해설 ④ 관계대명사 which가 앞의 절 전체를 보충 설명하는 역할을 하므로 생략이 불가능하다. ① 관계부사 why의 선행사 the reason은 생략 가능. ② 목적격 관계대명사는 생략 가능. ③ 선행사 뒤의 관계부사 when은 생략 가능. ⑤ 관계부사 where의 선행사 the place는 생략 가능.
> ① 제인은 내게 그녀가 남자친구와 헤어진 이유를 말해 주었다.
> ② 나는 네가 신뢰할 수 있는 유일한 사람이야.
> ③ 학생들이 시험을 보는 시간에는 조용히 해주세요.
> ④ 나는 놀이공원에서 지갑을 잃어버렸는데, 그것은 나의 엄마를 매우 화나게 만들었다.
> ⑤ 마침내, 나는 콘서트가 열릴 장소를 찾았다.

Ⓒ

01 Is this where you often spend time

02 the year they got married

03 The reason I didn't write to you

04 , where we lived for five years

Chapter Exercises 본문 p.126

A 01 when **02** how **03** which **04** why
   05 when **06** why **07** where **08** when
B ①
C 01 ② **02** ③
D 01 *Cindy broke her finger*

02 some traditional Korean clothing

03 The soccer player

04 to look right and left before crossing the road

E **01** ⓒ **02** ⓐ

F ③

G **01** × → which[that] **02** × → when

03 ○ **04** × → where **05** ○

H **01** when Susan visited my house

02 why you made that decision

03 where students can experience nature

04 which made her sad

Ⓐ

01 when 그때가 내가 그를 믿기 시작한 순간이었다.

해설 선행사가 the moment이므로 when이 적절.

02 how 케이트는 자신이 존과 사랑에 빠진 방법에 대한 곡을 썼다.

해설 뒤에 완전한 절이 오고 선행사가 없으므로 관계부사 how가 적절.

03 which 이곳은 내 가족이 한때 살았던 마을이다.

해설 뒤에 in의 목적어가 없는 불완전한 절이 오므로 관계대명사 which가 적절.

04 why 나는 그가 시험에 떨어진 이유를 모른다.

해설 뒤에 완전한 절이 오고 선행사가 없으므로 관계부사 why가 적절.

05 when 사람들이 여행을 여기저기 많이 다니지 않던 때가 있었다.

해설 뒤에 완전한 절이 오므로 관계부사 when이 적절.

06 why 나는 그가 우리의 약속을 깬 이유를 이해할 수 없었다.

해설 선행사가 the reason이므로 why가 적절.

07 where 뉴욕은 내가 작년에 살았던 도시이다.

해설 선행사가 the city이므로 where가 적절.

08 when 겨울은 내가 여행 다니기를 좋아하지 않는 계절이다.

해설 선행사가 the season이므로 when이 적절.

Ⓑ ①

해설 the ways 또는 how 둘 중 하나만 쓰는 것이 올바르다.

① 너는 부모님께서 너를 가르치시는 방식들을 존중해야 한다.

② 작년은 내가 그 직업을 구한 해였다.

③ 나는 이 도서관을 좋아하는데, 이곳에서 나는 많은 새로운 책들을 읽을 수 있다.

④ 제게 당신이 여기에 도착할 때를 알려 주세요.

⑤ 나는 그녀가 프랑스 영화를 좋아하는 이유를 안다.

Ⓒ

01 ②

· 나는 내가 런던에서 머문 그 호텔을 추천한다.

해설 선행사가 the hotel이므로 관계부사 where가 적절.

· 내게 네가 어젯밤에 울고 있었던 이유를 말해 줘.

해설 문맥상 이유를 묻고 있으므로 관계부사 why가 적절.

· 다른 사람들이 살아가는 방법을 존중해 주세요.

해설 문맥상 방법을 묻고 있으므로 관계부사 how가 적절.

02 ③

· 봄은 모든 것이 시작되는 때이다.

해설 문맥상 시간을 나타내는 관계부사 when이 적절.

· 그는 그가 학생이었던 학교에서 선생님이 되었다.

해설 선행사가 the school이므로 장소를 나타내는 관계부사 where가 적절.

· 너는 네가 회의에 오지 않았던 이유를 전혀 말하지 않았다.

해설 선행사가 the reason이므로 관계부사 why가 적절.

Ⓓ

01 **Cindy broke her finger** 신디는 그녀의 손가락을 다쳤는데, 그것은 그녀의 가족이 그녀에 대해 걱정하게 만들었다.

02 **some traditional Korean clothing** 나는 한국식 전통 옷을 만들었는데, 그것은 '한복'이라고 불린다.

03 **The soccer player** 그 축구 선수는 두 개의 골을 득점해서 그 경기의 MVP로 뽑혔다.

04 **to look right and left before crossing the road** 그는 내게 도로를 건너기 전에 좌우를 살피라고 말하는데, 이것은 사고를 예방하는 한 가지 규칙이다.

Ⓔ

01 ⓒ

해설 ⓐ where → why, ⓑ 관계사절이 완전한 구조이므로 the way 또는 how가 적절. 따라서 which를 삭제해야 한다.

ⓐ 나는 그녀가 항상 집에 그렇게 늦게 오는 이유를 짐작할 수 없다.

ⓑ 네가 이 단어들을 모두 외울 수 있었던 방법을 내게 말해주겠니?

ⓒ 나의 아버지께서는 학생이셨을 때를 자주 그리워하신다.

02 ⓐ

해설 ⓑ why → when, ⓒ when → where로 고쳐야 적절.

ⓐ 여기가 내가 작년에 살았던 건물이다.

ⓑ 그녀는 자신의 딸이 처음 말했던 때를 절대 잊지 못할 것이다.

ⓒ 우리 저번에 만났던 그 지하철역에서 만나자.

Ⓕ ③

해설 주격 관계대명사인 which는 생략할 수 없다. ①, ②, ④ 목적격 관계대명사이므로 생략 가능. ⑤ 관계부사 why 앞의 선행사 the reason은 생략 가능.

① 나는 내가 오랫동안 갖길 원했던 새 노트북을 하나 샀다.

② 내가 찾고 있던 그 남자는 카페에 있었다.

③ 그는 너무 비싼 그 재킷을 사지 않았다.

④ 나는 토니가 나를 위해 쓴 그 시를 정말 좋아한다.

⑤ 나는 그녀가 늦었던 이유를 알지 못한다.

Ⓖ

01 × → which[that] 나는 이 도시에서 가장 새것인 그 교회를 방문했다.

해설 선행사가 the church이고 뒤에 주어가 없는 불완전한 절이 오므로 관계대명사 which[that]가 적절.

02 × → when 나는 나의 아버지께서 나에게 농구를 가르쳐주시는 시간을 좋아한다.

해설 뒤에 완전한 절을 이끌고 선행사가 the time이므로 관계부사 when이 적절.

03 ○ 네가 묵었던 그 섬은 내가 지난 휴가 때 머물렀던 곳이다.
　　해설 선행사가 생략된 형태의 관계부사 where가 쓰였다.

04 ✕ → where　그녀는 자신의 가족이 나이 든 사람들을 돕기 위해 종종 가는 그 양로원에 갔다.
　　해설 선행사가 the senior center이므로 관계부사 where가 적절.

05 ○ 에이미는 도서관에 갔는데, 그곳에서 그녀는 그녀의 선생님을 만났다.
　　해설 선행사인 the library를 보충 설명하는 콤마, 다음의 where는 적절.

⊞

01 **when Susan visited my house**　나는 여섯 시에 집을 나섰는데, 그때 수잔이 나의 집을 방문했다.

02 **why you made that decision**　너는 내게 네가 그러한 결정을 한 이유들을 말해 줄 수 있니?

03 **where students can experience nature**　이 큰 정원은 학생들이 자연을 체험할 수 있는 멋진 장소이다.

04 **which made her sad**　나는 샐리의 졸업식에 참석하지 못했는데, 그것이 그녀를 슬프게 만들었다.

Chapter ㉕ 수능 빈출 어법 6

Point 01　대명사 vs. 관계대명사

Check Up　　　　　　　　　본문 p.133

01 **who**　나는 병원을 찾고 있는 한 노부인을 도와 드렸다.
　　해설 선행사 an old lady를 수식하고, 두 절을 연결하는 접속사 자리이므로 관계대명사 who가 적절.

02 **which**　제임스는 나에게 초콜릿을 조금 줬는데, 그것이 나를 기분 좋게 했다.
　　해설 선행사 some chocolate을 보충 설명하고, 두 절을 연결하는 접속사 자리이므로 관계대명사 which가 적절.

03 **it**　존은 나를 위해 스파게티를 요리했는데 그것은 정말 맛있었다.
　　해설 접속사 and가 있으므로 앞에 나온 spaghetti를 대신하는 주격 대명사 it이 적절.

04 **which**　그는 나에게 장미 향이 나는 향수를 사 주었다.
　　해설 선행사 a perfume을 수식하고, 두 절을 연결하는 접속사 자리이므로 which가 적절.

05 **he**　한 남자가 있는데 그는 이 자리에 지원하기를 원한다.
　　해설 접속사 and가 있으므로 앞에 나온 a man을 대신하는 주격 대명사 he가 적절.

Point 02　관계사절의 수일치

Check Up　　　　　　　　　본문 p.133

01 **are**　내가 가지고 있는 책들의 일부는 여행안내서이다.
　　해설 that I have는 관계대명사절이고, 관계대명사절의 수식을 받는 주어 Some of the books는 of 뒤의 명사에 수일치시키므로 복수동사 are가 적절.

02 **is**　내 남편과 내가 머무를 그 호텔은 시내에 위치해 있다.
　　해설 where my husband and I will stay는 관계부사절이고, 관계부사절의 수식을 받는 주어 The hotel은 단수이므로 단수동사 is가 적절.

03 **looks**　나는 강이 보이는 집에서 살고 싶다.
　　해설 주격 관계대명사 that 뒤에 오는 관계대명사절의 동사 자리이고, 선행사(a house)가 단수이므로 단수동사 looks가 적절.

04 **is**　가난한 사람들을 위한 복지 사무실에서 일하는 나의 누나는 복지에 관심이 있다.
　　해설 who works ~ for the poor는 관계대명사절이고, 관계대명사절의 수식을 받는 주어 My sister는 단수이므로 단수동사 is가 적절.

05 **were**　내가 내 집에 초대한 사람들은 매우 상냥하고 친절했다.
　　해설 who I invited to my house는 관계대명사절이고, 관계대명사절의 수식을 받는 주어 The people은 복수이므로 복수동사 were가 적절.

Point 03　who(m) / which / whose

Check Up　　　　　　　　　본문 p.135

01 **who**　그는 매우 유명한 디자이너인 내 이웃이다.
　　해설 선행사(my neighbor)가 사람이고 관계대명사절의 주어 역할을 하므로 who가 적절.

02 **whose**　당신은 끈이 이것보다 더 긴 다른 가방을 가지고 있나요?
　　해설 선행사 another bag과 strap은 소유 관계이므로 whose가 적절.

03 **which**　팀은 그의 어머니가 그를 위해 사 주신 그 재킷이 마음에 들지 않았다.
　　해설 선행사(the jacket)가 사물이고 관계대명사절의 목적어 역할을 하므로 which가 적절.

04 **who**　나는 그 사고에 대해 우리에게 말해 줄 수 있는 한 여자를 안다.
　　해설 선행사(a woman)가 사람이고 관계대명사절의 주어 역할을 하므로 who가 적절.

05 **whose**　그 경찰들은 이름이 샘인 한 소년을 찾고 있었다.
　　해설 선행사가 a boy이고 name과 소유 관계이므로 whose가 적절.

Point 04　관계대명사 vs. 관계부사

Check Up　　　　　　　　　본문 p.135

01 **where**　나는 내가 차를 주차한 장소를 잊었다.
　　해설 뒤에 완전한 절이 오고 장소를 나타내는 선행사 the place를 수식하는 것으로 보아 관계부사 where가 적절.

02 when 그녀는 내가 그녀를 처음 본 그 날을 기억한다.

(해설) 뒤에 완전한 절이 오고 시간을 나타내는 선행사 the day를 수식하는 것으로 보아 관계부사 when이 적절.

03 which 나는 내 사무실에서 가까운 아파트를 찾고 있다.

(해설) 뒤에 불완전한 절이 오고 관계대명사절의 주어 역할을 하므로 주격 관계대명사 which가 적절.

04 why 나는 그녀가 학교에 결석한 이유를 모른다.

(해설) 뒤에 완전한 절이 오고 문맥상 결석한 '이유'를 의미하므로 관계부사 why가 적절.

05 which 그것은 내가 잊고 싶은 순간이었다.

(해설) 뒤에 불완전한 절이 오고 관계대명사절의 목적어 역할을 하므로 목적격 관계대명사 which가 적절.

Point 05	관계대명사 what vs. 접속사 that

Check Up
본문 p.137

01 what 너는 내가 전에 너에게 보여준 것을 기억하니?

(해설) 선행사가 없고 뒤가 불완전한 절이 왔으므로 관계대명사 what이 적절.

02 that 나는 그가 내 말을 듣고 있지 않다는 것을 알아챘다.

(해설) 뒤에 완전한 절이 왔으므로 목적어 명사절을 이끄는 접속사 that이 적절.

03 that 진실은 그가 거기에 있지 않았다는 것이다.

(해설) 뒤에 완전한 절이 왔으므로 보어 명사절을 이끄는 접속사 that이 적절.

04 What 네가 해야 하는 것은 회의 참석자들의 명단을 만드는 것이다.

(해설) 선행사가 없고 뒤에 불완전한 절이 왔으므로 관계대명사 What이 적절.

05 what 그 결과는 분석가들이 예상했던 것이었다.

(해설) 선행사가 없고 뒤에 불완전한 절이 왔으므로 관계대명사 what이 적절.

Point 06	관계대명사 what vs. 관계대명사 that

Check Up
본문 p.137

01 that 이것은 내가 작년에 그녀를 위해 사 줬던 선물이다.

(해설) 관계대명사절이 선행사 the present를 수식하고 있으므로 관계대명사 that이 적절.

02 what 네가 지금 해야 하는 일을 미루지 마라.

(해설) 선행사 없이 목적어절을 이끌고 있으므로 관계대명사 what이 적절.

03 what 나는 그가 나를 위해 한 것에 감동받았다.

(해설) 선행사 없이 전치사 by의 목적어절을 이끌고 있으므로 관계대명사 what이 적절.

04 that 저것은 그녀가 꿈꾸던 집이다.

(해설) 관계대명사절이 선행사 the house를 수식하고 있으므로 관계대

명사 that이 적절.

05 that 나는 마침내 내가 찾아왔던 그 식당을 발견했다.

(해설) 관계대명사절이 선행사 the restaurant를 수식하고 있으므로 관계대명사 that이 적절.

Chapter Exercises ①
본문 p.138

A 01 that 02 why 03 which[that] 04 what
　　05 is 06 that[who] 07 has
B 01 × → wants 02 × → who[that]
　　03 ○ 04 × → what 05 × → are
　　06 ○ 07 ○
C 01 ②, ④
　　02 ③, ⑤
D 01 which 02 when 03 why 04 what 05 who
E 01 are 02 was 03 need

Ⓐ

01 that 문제는 그가 계속 거짓말을 한다는 것이다.

(해설) 뒤에 완전한 절을 이끌면서 문장의 보어 역할을 하므로 접속사 that이 적절.

02 why 그것이 그가 오기를 거부했던 이유이다.

(해설) 뒤에 완전한 문장이 오고 선행사 the reason을 수식하므로 관계부사 why가 적절.

03 which[that] 나는 인터넷에서 내가 사고 싶었던 피크닉 테이블을 발견했다.

(해설) 절과 절을 연결하는 접속사 역할을 하면서 선행사 the picnic table을 수식하는 역할을 해야 하므로 관계사가 와야 한다. 관계대명사절의 목적어 역할을 하고, 선행사가 사물이므로 which 또는 that이 적절.

04 what 그 식당의 음식은 내가 웹사이트에서 그것을 봤을 때 기대했던 것이 아니었다.

(해설) 앞에 선행사가 없고, be동사(is not)의 보어 역할을 하는 명사절을 이끄므로 관계대명사 what이 적절.

05 is 너는 꽃을 들고 있는 검은 정장 차림의 그 남자가 보이니?

(해설) 주격 관계대명사 who 뒤에 오는 관계대명사절의 동사 자리로, 선행사(the man)가 단수이므로 단수동사 is가 적절.

06 that[who] 케이트는 그를 믿는 유일한 사람이다.

(해설) 선행사 the only person을 수식하면서 관계대명사절의 주어 역할을 하므로 that[who]이 적절. 선행사가 the only의 수식을 받으면 주로 관계대명사 that을 쓴다.

07 has 이 진공청소기에 사용되는 배터리는 3일마다 충전되어야 한다.

(해설) which가 이끄는 관계대명사절의 수식을 받는 선행사 The battery가 문장의 주어이므로 동사는 단수동사 has가 적절.

Ⓑ

01 × → wants 친구들과 호주를 여행한 나의 오빠는 거기서 살고 싶어 한다.

(해설) 관계대명사절의 수식을 받는 선행사 My brother가 주어이므로 동사는 단수동사를 써야 한다.

02 × → who[that] 수학을 전공한 내 친구는 고등학교에서 수학을 가

르치고 있다.

[해설] 선행사가 My friend이고, 관계대명사절의 주어 역할을 하므로 who[that]이 적절.

03 ○ 당신은 이 도시에 대한 정보를 당신에게 줄 책들을 쉽게 구할 수 있다.
[해설] 선행사가 the books이고, 관계대명사절의 주어 역할을 하므로 which는 올바르다.

04 ✕ → what 네가 생각하고 말하는 것을 조심해라.
[해설] 전치사 about의 목적어절을 이끌면서 선행사가 없으므로 관계대명사 what이 적절.

05 ✕ → are 나는 아기들을 돌보는 데 유용한 세 권의 책을 주문했다.
[해설] 선행사가 three books이므로 관계대명사절의 동사는 복수동사 are가 적절.

06 ○ 나의 엄마는 나에게 이 셔츠를 다림질한 방법을 말해 주셨다.
[해설] 뒤에 완전한 절이 오고, 문맥상 셔츠를 다린 '방법'을 뜻하므로 관계부사 how는 적절.

07 ○ 당신이 묵을 방은 이 호텔에서 가장 좋은 전망을 가지고 있습니다.
[해설] where you would stay는 관계부사절이고 주어는 The room이므로 단수동사 has는 적절.

C

01 ②, ④
[해설] ② 뒤에 완전한 절이 있으므로 선행사 the city를 수식하는 관계부사 자리이다. 따라서 which → where가 적절. ④ 관계대명사 what은 선행사 없이 쓰이므로 what → which[that]로 고치거나 선행사 the word를 삭제하는 것이 적절.
① 당신이 당신의 가장 친한 친구라고 생각하는 사람에 관해 써 주세요.
② 우리는 우리가 10년 전에 처음 만난 그 도시를 방문할 계획을 세우고 있다.
③ 집이 홍수에 의해 파괴된 가족들에게 도움이 필요합니다.
④ 이것은 내가 이해하지 못하는 단어이다.
⑤ 내가 사고 싶은 것은 저 하얀색인데, 그것은 할인을 하지 않는다.

02 ③, ⑤
[해설] ③ 선행사 My sister과 dream은 소유 관계이므로 who → whose가 적절. ⑤ 선행사 없이 전치사 about의 목적어절을 이끌므로 that → what이 적절.
① 켄은 그 문제에 대해 의논할 수 있는 친구가 없다.
② 그 사고로 부상당한 소녀는 나의 사촌이다.
③ 꿈이 변호사가 되는 것인 나의 언니는 열심히 공부한다.
④ 여기가 그들이 잃어버린 강아지를 발견한 장소이다.
⑤ 네가 먼저 해야 하는 것에 대해 생각해 봐라.

D

01 which 내가 지금 막 구운 이 쿠키들을 먹어 봐.
[해설] 선행사 these cookies를 수식하고, 관계대명사절의 목적어 역할을 하므로 which가 적절.

02 when 내가 이 프로젝트를 끝내야 하는 날은 이번 주 금요일이다.
[해설] 뒤에 완전한 절(I should ~ project)이 오고, 선행사 The day를 수식하므로 when이 적절.

03 why 너는 그녀가 어제 왜 그렇게 일찍 떠났는지 이유를 아니?
[해설] 뒤에 완전한 절이 오고, 문맥상 일찍 떠난 '이유'를 뜻하므로 why가 적절.

04 what 나는 나의 아들이 학교에서 한 것을 믿을 수 없다.
[해설] 선행사 없이 문장의 목적어절을 이끌므로 what이 적절.

05 who 뉴욕에 있는 나의 조카는 영어를 매우 잘 말한다.
[해설] 선행사 My nephew를 수식하고, 관계대명사절의 주어 역할을 하므로 who가 적절.

E

01 are
[해설] which가 이끄는 관계대명사절의 수식을 받는 선행사 The books가 문장의 주어이므로 동사는 복수동사 are가 적절.

02 was
[해설] that이 이끄는 관계대명사절의 수식을 받는 선행사 The only thing이 문장의 주어이므로 동사는 단수동사가 알맞고 과거 시제이므로 was가 적절.

03 need
[해설] 선행사는 in this orphanage의 수식을 받는 many children 이므로 복수동사 need가 적절.

Chapter Exercises ②

본문 p.140

01 ②   **02** ②

01 ②
[해석] 과학자들은 최초의 미국인들이 아시아에서 왔다고 믿는다. 이 사람들은 아마 현재 중국 북부 지역, 한국 또는 시베리아 출신의 사냥꾼들이었을 것이다. 수천 년 전에, 그들은 아시아에서 알래스카로 건너왔다. 거기서부터 그들은 북부와 남부 아메리카 전역으로 퍼져 나갔다. 그 증거는 많은 연구에서 나타나며, 고고학적 발견물, 치아, DNA에 있다. 초기 미국 원주민들의 치아와 DNA는 현재 북아시아인들의 그것들(치아와 DNA)과 매우 유사하다.
[해설] (A) 선행사 없이 from의 목적어 역할을 하는 명사절을 이끌고 있으므로 관계대명사 what이 적절하다. 참고로 이 what은 the area which로 바꿔 쓸 수 있다.
(B) 보충 설명하는 which comes ~ studies를 동반하는 문장의 주어 The evidence는 단수이므로 단수동사 lies가 적절하다.
(C) The teeth and DNA를 받는 지시대명사가 필요한 자리이므로 복수형인 those가 와야 한다.
[구문] [6~8행] *The evidence*, [**which** comes from many studies], **lies in** archaeological finds, teeth, and DNA.
· [ ]의 which ~ many studies는 주어 The evidence를 보충 설명하는 주격 관계대명사절이다.

02 ②
[해석] 누구나 살면서 다른 것들보다 더 중대한 결과를 가져오는 결정들을 내리는 경험을 한다. 그것들은 우리 인생이 취하는 방향에 영향을 미칠 것들이다. 이것들은 교육 문제에서부터 우리 인생의 반려자가 될지도 모르는 사람을 포함한 인간관계에 이르는 선택들을 포함한다. 이런 종류의 결정들은 일어날 것이고, 우리의 삶을 이 방향 혹은 또 다른 방향으로 바뀌도록 할 것이라고 여겨진다. 그러나 이 결정들을 다루는 것은 일반적으로 그것들의 장기적 결과를 예측하는 것이 불가능하다는 엄청난 미스터리가 동반되기 때문에 하나의 부담이다.

해설 ② 앞에 선행사 the ones가 있으므로 선행사를 포함하는 관계대명사 what 대신 관계대명사 which[that]으로 고쳐야 옳다.

오답분석 ① 관계대명사절 that have more important results than others는 선행사 decisions를 수식하므로 관계대명사절의 복수동사 have는 적절. ③ 선행사 the person을 수식하는 주격 관계대명사인 who는 적절. ④ 여럿 중 하나와 또 다른 하나는 one, another로 나타내므로 another는 적절. ⑤ 이유를 나타내는 접속사로 사용된 as는 적절.

구문 [2~3행] They are *the ones* [which[that] will influence *the direction* [(**which[that]**) our lives take]].

· the ones는 앞에 나온 문장의 the decisions를 받는 대명사이다.

· the direction을 수식하는 관계대명사절에서 목적격 관계대명사 which[that]이 생략되었다.

[4~6행] These include *choices* [**from** educational issues **to** *our relationships*, **including** *the person* [who might become our life partner]].

· from A to B는 choices를 수식하는 전명구로 'A에서 B에 이르는'의 의미이다.

· including ~ partner는 our relationships의 예시에 해당하는 전명구이다.

[6~8행] **It** is understood / **that** these types of decisions **will arise** and **will cause** our life to shift in one direction or another].

· It은 가주어이고, that절이 진주어이다.

· will arise와 will cause ~ another는 접속사 and에 의해 연결된 병렬구조이다.

[8~11행] **Still**, **it** is a burden / **to deal** with these decisions, as they are generally accompanied by a great deal of mystery: **it** is impossible / **to predict** their long-term results.

· 이때의 Still은 문장 전체를 수식하며 '그러나'의 의미이다.

· 첫 번째 it은 가주어이고 to deal with these decisions가 진주어이다.

· 콜론(:) 이하는 a great deal of mystery의 동격어구이다.

· 두 번째 it도 가주어이고 to predict ~ results가 진주어이다.

어법 Point Summary
본문 p.141

① 접속사+대명사	⑤ 관계대명사
② 수일치	⑥ 관계부사
③ 목적격	⑦ 불완전한 절
④ 소유격	⑧ what